中小企業のための
技術経営
(MOT)入門

―"つよみ"を活かすこれからの企業経営モデル―

立命館大学大学院
テクノロジー・マネジメント研究科
&
名取　隆　編著

同友館

まえがき

　本書を出版しようと思ったのは次のような問題意識からである。我々（立命館大学大学テクノロジー・マネジメント研究科：以下では「立命館MOT」と略称）が教育分野として掲げている技術経営（MOT）という分野については，日本では，大企業では徐々に浸透しつつあるといえる一方，中小企業には，まだまだ技術経営という学問分野に対してご認識頂ける機会が少ないのではないか，と日頃感じることである。本書の第1章で詳しく述べているが，今や技術経営の活用が大企業のみならず，中小企業にも必須といえる時代になっている。しかし，日本の中小企業，特にものづくり型の企業は，「技術がよければ売れるはず」という，深刻な「技術信仰」に陥っているようにみえるからである。日本の中小企業は，外部環境の急激な変化に，必ずしも対応ができているとはいえない状況である。いわゆる「ゆでガエル」現象に近い状態にあるように思われる。自社技術と外部環境の両方に精通し，技術経営を活用して市場開拓に果敢に挑戦する技術経営人材の育成と活用こそが，これからの中小企業の生き残りの条件であると我々は信じている。

　そうした問題意識から，我々は中小企業における技術経営人材の育成のための入門書，そして技術経営に興味，関心を持つ方への入門書という目的で，本書を出版することとした。本書が対象とする読者は，中小企業関係者（経営者，従業員，支援関係機関）をメインに考えているが，技術経営という学問に興味，関心を持つ方も是非，本書をご一読願いたい。本書は，立命館MOTの教員が，日頃，自分たちが担当している授業のエッセンスや，研究成果を書き下ろしたものである。ただし，技術経営は分野が多岐に亘るため，本書で技術経営の全体をカバーしているとはいえない。とはいえ，少なくとも本書は技術経営を知るきっかけにはなると考えている。

さて，以下では本書の内容を簡単に説明したい。

第1章では，技術経営の入門者のために，そもそも技術経営とはどんな学問なのかを概説している。特にサプライヤー型のものづくり企業にとっては，技術経営の活用は生き残りに必須とさえいえる。特に中小企業にとっては，新市場・新製品開発は急務の課題である。そこで，中小企業における技術経営人材の育成の必要性を述べ，参考として技術経営教育の内容について紹介している。例えば，技術者であっても，製品企画の段階でビジネスプランを作成できる能力が必要であることなどを指摘し，学習すべき内容を紹介している。

第2章では，一般的に中小企業は経営資源が十分でないといわれる中で，イノベーションの達成の上で外部の資源動員の必要性を主張している。そこで，資源のプロセスとポイントを解説するとともに，島根県の旅館業に関して資源動員とビジネスシステムの転換の事例を紹介している。事例においては，新たな収益モデルを立ち上げ，新しいシステムを構築していく様子を詳しく描いている。

第3章では，中小企業に適した，ウェブサイトを活用した技術のマーケティングを取り上げている。中小企業はマーケティングに関する人材や予算が十分ではないといわれている。しかし，ウェブサイトの活用は，新規顧客の獲得などマーケティングにきわめて有効である。一方で，ウェブサイトにおいて技術の情報開示を行うことになるが，その際におけるデメリットとリスクがあること，そして，それらへの適切な対応が必要となることも指摘している。そうした点も克服した成功事例として，大阪の機能メッキを手掛ける中小企業の事例を紹介し，ウェブサイトを活用した技術のマーケティングを成功させるための条件や要因，課題を解説している。顧客開拓に悩む中小企業の方には，ぜひ一読して頂きたい。

第4章では，技術開発やイノベーションを興すために必要な企業組織のあり方を論じている。すなわち，技術やサービス開発の成果をもたらすために，どのように技術経営の方法論を用いて企業組織をマネジメントするべきかを考察している。中小企業が新事業・サービスを企画する上では，組織の問題は避け

て通れない。近年，中小企業においても産学連携，技術アライアンスなどの組織づくりが益々必要となっており，重要なテーマのひとつである。

第5章では，現在，中小企業にとって最も必要とされているアントレプレナーシップについて取り上げている。イノベーションの実現にはアントレプレナーシップが欠かせないが，欧米的な「革新」を志向するよりも，むしろ日本人の強みである「改善」をめざすイノベーションが大事であると論者は主張する。そうした日本的なイノベーションを志向したアントレプレナーシップの必要性を強調している。日本の中小企業は，どちらかといえば改善型のイノベーションが得意かもしれない。革新型のイノベーションにこだわらずに，地味ではあるが着実な改善型のイノベーションにも注目すべきであろう。

第6章は，IT経営についてである。論者は，ITにどれだけ投資すればどれだけ経営パフォーマンスが向上し，競争優位に貢献するのかを問うことがIT経営の本質的な問いであり，その問いに答えるには，ITを使ったビジネスモデルの差別化を行うべきと主張する。技術経営においては，IT技術の活用は重要なテーマである。一般的に中小企業はIT技術の活用が不十分と指摘される中で，本章は見逃せない話題である。

第7章は，中小企業のサービスイノベーションについて論じている。「ものづくり」だけで競争することの限界，ICT技術の進化と普及，高度技術を活用したサービス事業の期待といった背景からサービスイノベーションが注目されている。論者の分析では，わが国の製造業のサービス化は十分でないものの，サービス化比率の高さは収益性に関係するという。サービス化を視野に入れたビジネスモデルの変革の必要性を示唆する論考である。

第8章では，バリューチェーンマネジメントについて多面的に論じている。バリューチェーンマネジメントはサプライチェーンマネジメントを包含するもので，調達，生産，販売の連鎖に加えて，マーケティング，技術開発，製品開発等の上流プロセスを含む。論者は企業が生き残るためには「価値提供」が最重要目標だが，その価値創造を実現するのがバリューチェーンマネジメントであると指摘する。中小企業にとっても大事なテーマのひとつである。

第9章では，原価企画から始める戦略的原価管理について扱っている。原価企画とは，製品の企画・設計段階で，製品を量産化する場合を視野に入れたコストの作り込み，コストの設計を行うことをいう。新製品の企画・開発段階で大胆なコスト削減を目指すものである。戦略的原価管理においては，後追いの結果としての従来の原価計算と異なり，企業毎の戦略性が必要となる。新製品のコスト優位を実現するための実務的な知識を提供している点で中小企業に必読のテーマである。

　さて，最後に立命館MOTについて簡単にふれさせてもらいたい。立命館MOTは2005年4月に立命館大学びわこ・くさつキャンパス（BKC）に設置され，おかげさまで2015年4月に設置10周年を迎える。立命館大学は2015年4月に大阪府茨木市に大阪いばらきキャンパス（OIC）を開設するが，立命館MOTもBKCからOICへ移転することになった。OICへの移転を契機に，立命館MOTは従来のカリキュラムの内容や教育方法などを大幅に見直すことにした。
　また，OICは大阪中心部に近いという地の利を生かして，立命館MOTは従来にも増して社会人教育の充実化を図ろうと考えている。そのために，社会人の方が出席しやすいように土曜日の授業を増やすなどの工夫をしている。関西地区の社会人（特に技術系）の方には，技術を生かすマネジメントを学ぶのに立命館MOTは最適の場所である。
　さらに，立命館MOTは関西地域の中小企業への支援を強化したいとも考えている。具体的には，出前授業（教員が企業に赴いてコンパクトな授業を提供すること）や経済団体のメンバー企業に対する研修などがある。また，企業現場における個別課題に対して立命館MOTの学生が解決策を提案する長期企業実習（「プラクティカム」と称する。詳しくは第1章をご高覧下さい）がある。これは学生がチームを組み，教員がバックアップして進めるもので，立命館MOTの誇る実践型教育科目の代表例である。
　このように立命館MOTはOICへの移転を契機として，以前にも増して技術

経営教育の質の向上と,社会人教育,地元企業への支援を強化する所存である。本書をお読みになって技術経営にご興味・ご関心をお持ち頂ければうれしい限りである。なお,技術経営をもっと本格的に学びたいと思われる方は,是非,立命館MOTのウェブサイト（http://www.ritsumei.ac.jp/mot/）を訪問願いたい。

　最後になったが,本書の出版に際して,㈱同友館の佐藤文彦氏に多大なるご支援を頂戴した。この場を借りて厚くお礼を申し上げたい。

2015年2月28日

編著者　名取　隆

◉目 次◉

まえがき　*iii*

第1章　技術経営（MOT）とは何か　……………………………………… *1*

1. 技術経営（MOT）の定義　*1*
2. 技術経営（MOT）が必要とされる背景　*1*
3. 経営環境の変化と中小企業の対応　*4*
4. 中小企業における技術経営（MOT）人材の必要性　*6*
5. 中小企業における新市場・新製品開発の成功要因　*7*
6. 技術経営教育の必要性　*7*
7. カリキュラムと教育方法　*10*
8. 総合的な応用科目としてのビジネスプラン学習の必要性　*12*
9. アクティブラーニング　*13*
10. プラクティカム　*15*
11. まとめ　*16*

第2章　中小企業と資源動員　……………………………………… *19*

1. 中小企業を取り巻く環境の変化　*19*
2. 中小企業と資源動員　*21*
3. 資源動員とイノベーション　*23*
4. 資源動員のプロセスとポイント　*24*
5. ケース・スタディ　*29*

第3章 中小企業に適したウェブ活用による技術のマーケティング … 39

1. はじめに―技術のマーケティングとウェブサイト活用　39
2. ウェブマーケティングの有効性　39
3. ウェブマーケティングを成功させるための前提条件　42
4. ウェブマーケティングの課題　43
5. ウェブマーケティングの成功事例の紹介―株式会社コダマの概要　45
6. まとめ　49

第4章 技術経営組織からみたイノベーション … 52

1. はじめに　52
2. 経営資源の観点から捉えた技術経営組織　52
3. イノベーションにおける2つの主要な論理から捉えた
   技術経営組織　54
4. 時間軸から捉えた技術経営組織　56
5. 情報から捉えた技術経営組織　60
6. オープンイノベーションから捉えた技術経営組織　62
7. おわりに　64

第5章 中小企業に問われるアントレプレナーシップ … 68

1. はじめに　68
2. アントレプレナーシップとは　71
3. 技術経営とアントレプレナーシップ　74
4. 日本の中小企業に問われるパラダイムシフト　78
5. 中小企業のアントレプレナーシップ：概念と実践の
   フレームワーク紹介　82

6. おわりに：真面目と不真面目の両立，
   アートとしてのアントレプレナーシップの遂行　*85*

第6章　IT経営への招待 …………………………… *90*

1. はじめに　*90*
2. IT経営の実態　*93*
3. 「トップの意識と行動」がIT経営の出発点　*95*
4. IT経営の進化に向けて　*98*
5. まとめ　*102*

第7章　中小企業のサービスイノベーション ……………… *105*

1. サービスイノベーション　*105*
2. サービスへの多角化と収益性　*107*
3. 機能の経済　*113*
4. 日本企業の具体的事例　*114*
5. 機能イノベーション　*117*
6. まとめ　*119*

第8章　バリューチェーンマネジメント ……………………… *121*

1. 品質・機能から価値創造へ　*121*
2. 複雑化する価値と価値創造　*122*
3. 3つの品質と価値創造プロセス　*124*
4. システマティックな製品・サービス設計：QFD，VE，TRIZ，
   タグチメソッド　*129*
5. バリューチェーンマネジメントとは何か　*132*

6. 戦略・戦術レベルのバリューチェーンマネジメント　*134*
7. バリューチェーンマネジメントの設計コンセプト　*138*
8. オープン化，グローバル化するバリューチェーン　*140*
9. 持続可能性とグリーンバリューチェーンマネジメント　*142*
10. バリューチェーンマネジメントの設計　*144*
11. バリューチェーンマネジメントにおける情報共有　*147*
12. バリューチェーンマネジメントの導入と実施　*149*
13. まとめ　*151*

第9章　原価企画から始める戦略的原価管理　*153*

1. 原価管理の目的　*153*
2. 原価計算の概要　*154*
3. 原価企画とは　*156*
4. 品質を設計する　*162*
5. 損益分岐点分析と原価企画　*164*
6. 生産段階に入ってからの原価管理　*168*
7. 不良コストの原価管理　*174*
8. 競争力の向上を目指して　*176*

索引　*177*

技術経営 (MOT) とは何か[1]

1. 技術経営 (MOT) の定義

技術経営 (MOT：Management of Technology) の定義は論者により様々であり，定義が1つに確定していない。とはいえ，定義する上でポイントとなる視点は共通している。中河・平林 (2007) によれば技術経営は，①経済的な価値創造，②イノベーション，③投資効果，という3つの視点がある。多くの定義はほぼこれら3つの視点のどこかに立脚しているといえる。①の立場であれば経済価値を創出するためのマネジメントであり，②の立場であれば，イノベーション創出のマネジメントであり，③の立場であれば，投資収益の最大化となる。

本書では，技術を活用して収益化を図る側面を重視する立場から，技術経営とは，「技術（科学を含む）の価値を収益化するためのマネジメント」と定義しておく。

2. 技術経営 (MOT) が必要とされる背景

かつての日本は，「ジャパン・アズ・ナンバーワン」といわれ，国際競争力はトップクラスであった。しかし，近年，国際競争力は低迷している。IMD国際競争力ランキング[2]における日本の総合順位は21位である (2014年)。2013年の順位は23位であったので，多少の上昇はしたが，IMDによればその理由は円安による輸出競争力の回復のためである。日本は科学技術で世界の一流レベルにあるが，それらを競争力に活かしきれていない。つまり，科学技術レベルが高くても必ずしも国際競争に勝てていない。国際競争力が復活しない

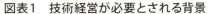

（出所）立命館大学大学院テクノロジー・マネジメント研究科案内パンフレット
2011年度版を筆者が修正。

背景として，図表1が示すように日本がキャッチアップ型ビジネスモデルからフロントランナー型ビジネスモデルへスムーズに移行ができていないことが指摘できる。キャッチアップ型ビジネスモデルとは，欧米先進国からの技術導入をもとにモノづくりに注力して，安価で高品質の製品を大量に生産，輸出する戦略である。日本は1980年代までは，このタイプの戦略が奏功してきた。キャッチアップ型の時代は，How to makeが価値観の時代だった（図表2）。すなわち，すでにお手本のあるものを，高歩留まり（低価格），高品質で作ることである。その象徴が半導体や家電だった。それらは欧米で開発された技術をうまく活用したものである。

　ところが1990年代以降は，後発アジア諸国が欧米や日本から技術導入を積極的に行い，安価で高品質のものを世界に輸出し，日本を急速に追い上げてきた。DRAMなどのメモリー半導体や，テレビなどの家電は，かつては日本が高い世界シェアを誇ったが，今は韓国，中国メーカーなどが高い競争力を持つようになった。このように日本にとって，かつての日本型ビジネスモデルだったキャッチアップ型ビジネスモデルは崩壊しているといってよい。1990年代以降は，日本は欧米のキャッチアップを終えて，お手本のない不確実性の時代に突入している。日本はすでに，欧米先進国から技術力の面では横一線に並ぶ水準に達しており，特定分野では世界のトップを走るようになった。つまり，

図表2　モノづくりの流れ

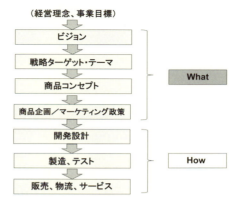

（出所）鈴木・大来（2003）

日本はフロントランナー型ビジネスモデルの新たな競争環境下に置かれているのである。フロントランナー型ビジネスモデルでは，自らが先導役となって新技術を開発するか，あるいは既存技術を組み合わせて新たな用途を開拓するなどして，新製品・新サービスを開発しなければ世界的な競争には勝てない。日本は，そうした対応が必要であるにもかかわらず，有効な手を打てずにいる。フロントランナー型ビジネスモデルに最も必要となる価値観は「What to make」である。では，What to makeとは何を指すのであろうか。それは図表2で示すように，まずビジョンから戦略ターゲット・テーマを設定する。そして具体的な商品コンセプトを決めた後に，商品企画とマーケティング政策に着手する。ビジョンからスタートして商品企画とマーケティング政策に至るまでのこのプロセスがWhat to makeの段階であると考えることができる。筆者はモノづくりだけに限らずサービス開発についてもこの図式は当てはまると考える。さらには，フロントランナー型でも不十分であり未来を構想して新しい価値を提案し，地球規模の価値追求のレベルまで求められることが予想される。そこではWhat to makeでも十分とはいえず，「なぜ自社製品・サービスが必要なのか」，という意味も顧客に説明できなくてはならない。つまりWhy to makeの時代が近未来の姿である（図表1）。このように現代は，What to make そして Why to makeが中心的課題であるといえる。しかし，従来のようにお手本がない中で，望み通りのものができるかどうか，そして売れるかどうかは不確実である。なぜなら，顧客自身でさえも自らの課題やニーズ，ウォンツを把握しているとは限らないからである。たとえば，iPodやiPhoneは顧客が「こんなものがほしい」というニーズを提案して実現したものではない。顧客はそういう商品を予想していなかったはずだが，いざマーケテットに出てくれば「こういうものがほしかった」というだけである。したがって，顧客にマーケティングのアンケートや面談をすれば足りるというほど，事は単純でない。新製品・新サービスの創造を行うためには，独創的な発想・アイデアをもとに革新的な新技術を生み出すか，あるいは，既存技術であっても新しい用途を開発するなどの努力が必要となってきた。また，新製品・新サービスを単に創造すれば終わりではない。それらが事業として成立し，しかも長期間にわたってそれらの競争力を維持させなくてはならない。そこで必要となるのが，事業戦略・技術戦略・知財戦略の3つを統合した三位一体化戦略である。具体的には，優れた技術を巧みな知財戦略でプロテクトし，適切な事業戦略で収益化を図ることである。

3. 経営環境の変化と中小企業の対応

中小企業には大きく分けて2つのタイプがある。1つは部品や素材を製造してサプライヤー（いわゆる下請企業）として，特定の大手メーカーと主に取引するタイプである。もう1つは部品，素材あるいは自社ブランド製品を持ち，特定の顧客に依存せず幅広い顧客を持つ独立型のタイプである。

前者のサプライヤー中小企業にとっては，現代はとりわけ厳しい時代である。なぜならば，特定の大手メーカーが海外に工場を移転するなどグローバリゼーションの進展によって取引構造が大きく変化したからである。中小企業白書（2003年）では，下請取引は安定したものでなくなっており，取引メリッ

トが変化したと述べている。従来,下請取引は利益の面で大きな旨味があるとはいえないものの,受注がある程度保証されていたり,大手メーカーから技術移転を受けたりするなど,様々なメリットをサプライヤー中小企業は享受していた。しかし,そうした時代は終焉を迎えつつあり,サプライヤー中小企業は,特定の大手メーカー依存を脱して,顧客の幅を広げる必要性が高まっている。そのためには,自社の技術を従来と異なる業界を含めて,横に展開していく用途開発のアクションが必須となる。たとえば,自動車部品の企業が,自社技術を太陽光発電装置に転用するような,探索型の行為が求められるようになる。ところが,髙橋(2003)が指摘するように,サプライヤータイプの企業には,特定の大手メーカーとの取引に「ロック・イン」[3]されてしまっているため,そうした行為に必要な学習能力が不足している。つまり,自ら学習しながら,新たな分野を探索し,自社技術を開発・改良し,新しい顧客を広げていくという能力が十分でない。したがって,サプライヤー中小企業は根本的な自己改革が必要な時代となっている(吉田 1996)。

　もう1つの独立型の中小企業においても,決して楽な時代ではなくなった。独立型とはいえ,グローバル化によって取引先の有力企業が海外に工場を移転することの影響は,基本的にはサプライヤー中小企業と同様にマイナスの効果を持つ。また,国内市場が少子高齢化などの影響で縮小してくるとみられる中で,内需依存のメーカーは,成長が期待できない。そのため,国内市場だけに留まらずに海外市場を積極的に探索し,輸出を新たに始め,あるいは一層伸ばす必要性が高まっている。その場合,自ら学習しながら,海外市場を探索し,新たな製品・サービスを開発して,海外顧客を増やすことができるようにするための学習能力が求められる。実際,国内で十分な実力がある中小企業であっても海外進出に臆病な中小企業は多いが,そうした中小企業は海外進出に自信のないせいとも考えられる。

4. 中小企業における技術経営（MOT）人材の必要性

　さて，上述したように自社技術を横に展開して新たな顧客を開拓したり，海外市場を探し出したりするために必要な学習能力を身に着けるにはどのようにすればよいのだろうか。その点の具体的な方法については別稿に委ねたいが，少なくとも学習のベースとなる基本的な知識体系として技術経営の知識・技能が有効と考えられる。我々は技術経営の知識と技能を身に着けた人材こそが，中小企業の成長に貢献すると信じている。そうした人材をここでは仮に「MOT人材」と名付けることにする。

　MOT人材の役割は究極的には技術の価値を収益化することである。そのためには，「技術の関門」と「市場の関門」の2つの関門を乗り越える必要がある。市場の関門を突破するには，技術知識に加えて，市場洞察力，市場評価力が必要だとされる（寺本・山本 2004）。技術の問題と市場の問題は分離して存在するわけではなく，互いに密接に関係している。周佐・鈴木（2009）は，技術と市場の「相互作用」がイノベーションを生み出す原動力だと述べている。すなわちは，技術と市場を「対話」させることが必要なのである。そのために企業は，開発したばかりの新製品・新サービスを市場にいったん投入して，市場の反応をみながら，そうして得た情報をもとに，隠れていたニーズ，ウォンツを顕在化させて，さらに改善を加えていくという手法を採るのである。このような，技術と市場の「対話」をリードすることがMOT人材にとって必要とされる仕事である。つまり，技術と市場をつなぐことのできる人材が中小企業において求められている。その点で参考となる研究として，寺本・加藤（2008）の研究がある。寺本・加藤（2008）は，自動車，エレクトロニクス，化学，食品，機械機器の業界に属する，高い成果をあげた30名の技術者へのインタビュー調査を行った。それによれば，高い成果をあげた技術者は，「技術を市場に出す」ことが，自分の仕事のゴールであると強く考え，そのために必要な人，もの，カネ，情報，組織を見極め，周囲を説得し協力を仰ぐ特性を持つという。「技術を市場に出す」とは，すなわち技術と市場をつなぐこ

とである。この「高い成果をあげた技術者」というのも，典型的なMOT人材の一例であるといえよう。現在の中小企業においては，MOTの目指す「技術の価値の収益化」が求められている。

5. 中小企業における新市場・新製品開発の成功要因

　筆者は，以前に中小企業による新市場・新製品開発の成功要因について事例を集めて分析を行ったことがある（名取・山本 2012）。分析の結果，新市場・新製品開発に一定の成果を得た中小企業には技術，人材育成，組織運営の面で共通する特長が見いだせた。まず，技術に関しては，コア技術があってITを活用し一貫生産の可能なシステムを構築していることが分かった。人材育成に関しては，周到かつ計画的に人材育成を図っている。具体的には社内学校等の場を設けて互いに教え合いながら，社外にも積極的に出て行って，情報収集できる行動力にあふれた社員（特に技術者）を養成している。そのため，独自のプログラムによって計画的に人材育成している。組織運営に関しては，技術者が営業の前面に出ながら，提案営業を推進している。そのため社内で営業情報を共有し，社内部門横断で開発，営業を進めている。また，他社や大学など社外組織との連携も実施している。

　以上のように，新市場・新製品開発に成功している優秀な中小企業においては，技術者が自分の専門領域や社内の所属部門に閉じこもらずに，学会等で市場情報を集め，顧客の前に出て，提案型の営業を展開し，新市場・新製品開発に注力しているという共通の傾向を見出せた。こうした技術者こそがMOT人材の典型例といえよう。

6. 技術経営教育の必要性

　では中小企業におけるMOT人材をどのように育成すべきであろうか。筆者はMOT人材育成のために技術経営教育が中小企業において必要とされている

と考える。技術経営教育の目標に関しては様々な考え方があるが、ここでは分かり易い例を用いて説明したい。技術経営教育の目標の1つは、図表2のような一貫した仕事の流れを企画、管理し統合できる能力を身につける人材の育成である。経済産業省が日本の競争力復活をめざして技術経営教育を日本で普及させるべく、技術経営教育に関するカリキュラムの開発などを支援してきたこともあって、MOTの教育課程を持つ大学院が近年、相当数存在している。わが国の技術経営教育はようやく普及段階に入ってきたといえる。しかし、カリキュラムの内容、教育方法などの面においてまだ課題は多い。飯田（2006）が指摘するように、わが国において技術経営教育の課題の1つは、知識の獲得に偏っていることであり、応用力と実践力を獲得するための工夫が不十分であるとみられる。

では、技術経営教育における応用力と実践力とは何であろうか。筆者の理解では、まず応用力とは、個別科目で学習した知識・技能等を具体的なプロジェクト等における課題解決に役立てることのできる思考力あるいは判断力であると考える。それは単体の科目で得られた知識・技能等で足りるものではなく、複数の科目で得られた知識・技能等を総動員して、それらを組み合わせたり、有機的に結びつけたりして、課題解決策を導き出す力である。そして、実践力とは、技術経営教育において獲得した知識・技能等と思考力・判断力が、実際のビジネスや実務に活かせることである。以下では知識だけでなく、応用力と実践力にも配慮した技術経営教育のカリキュラムと教育方法について検討したい。

既述の通り、技術経営教育の代表的な目的のひとつは、図表2のWhat to makeのプロセス、すなわち、ビジョン、戦略ターゲット・テーマ、商品コンセプト、商品企画/マーケティング政策の部分を担える能力を持った人材の育成である。さらに一段上のレベルでいえば、図表1のWhy to makeの段階を担える人材の養成である。従来のMBA教育では製品開発の前段におけるこのWhat to makeあるいはWhy to makeの教育が欠けているか、あるいは非常に手薄であった。MBA教育ではどちらかといえば、既存商品を対象とした販売

図表3　MOT教育とMBA教育との関連

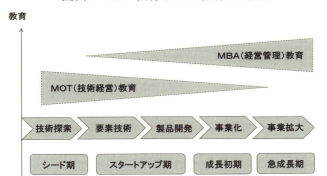

（出所）松田（2003）

戦略の策定が中心である。MBAとMOTの違いについては、松田（2003）が明確に2つの違いを提示している（図表3）。図表3が示すように、MOTは、技術探索から始まって、要素技術の中から実用化が可能な技術を選択し、試作品を開発し、市場に受け入れられると判断できれば量産化して上市（事業化）するまでを主として扱う。MOTはこのように、事業化までの前段階を重視する。一方、MBAは技術、製品は既存のものとして、事業がスタートした後の事業拡大に興味関心が当てられ、技術は管理的視点から考察されることが多い。MBAと比較するとMOTは技術探索から事業拡大までの全領域をカバーしている点が長所であるともいえる。

　以上のように技術経営教育においては、How to makeのプロセスだけでなく、What to makeとWhy to makeに重点を置きながら、モノづくりあるいはサービス開発の全体の流れを一貫して担えるような人材を養成すべきであろう。

7. カリキュラムと教育方法

　技術経営教育の一例として，モノづくりあるいはサービス開発プロジェクトのバリューチェーンの流れ，すなわち研究開発，事業開発，生産・製造，販売・マーケティングの流れに沿ってまとめたカリキュラムの例を説明する。各プロセスにおいて必要なスキル全てを科目がカバーするようなカリキュラムが理想的である。図表4は，MOTアレクディテーション検討委員会（2006）を参考に，上述の考え方に沿って，筆者が再整理したカリキュラムマトリクスの一例である。科目のカッコ内は授業で活用する代表的ツールを示す。なお，このカリキュラムは分かりやすくするために，主だった科目のみ載せ，簡略化しているもので，実際のカリキュラムとは異なる。

図表4　MOTカリキュラムマトリクスの一例

プロセス	全体企画・管理	研究開発	事業開発	生産・製造	販売・マーケティング
		事業探索，要素技術	製品開発（試作）	事業化（量産）	事業拡大
必要な科目（代表的ツール）	ビジネスプラン 知識経営 知財マネジメント リスクマネジメント リーダーシップ論 意志決定論 戦略論 組織論 長期インターンシップ	技術戦略（技術ポートフォリオ） 研究開発マネジメント（技術ロードマップ，ステージゲート） 知財マネジメント	製品開発マネジメント（TRIZ，オズボーンのチェックリスト，QFDできる展開法） 戦略論（シナリオプランニング，SWOT，5Forces，VRIO） ビジネスプラン（財務会計，DCF法）	生産マネジメント プロジェクトマネジメント（WBS） リスクマネジメント	マーケティング論 戦略論

（出所）MOTアレクディテーション検討委員会（2006）を参考に筆者作成

　図表4のMOTカリキュラムマトリクスに沿って，MOTの代表的なカリキュ

ラムを紹介する。まず，研究開発段階では，事業探索や要素技術の開発などが行われる。そこでは企業全体の技術戦略の知識が必要である。必要なツールには技術ポートフォリオなどがある。そして研究開発マネジメントの科目が講義されるが，その中で技術ロードマップ法やステージゲート法などツールの活用は効果的である。次に事業開発段階であるが，例として製品開発マネジメントの科目においては，新製品・サービスのアイデア創出に関する講義が効果的である。その際は技術の用途開発がポイントとなる。用途開発には様々なツールが開発されている。一般的にはブレーンストーミングが日本企業では多用されているが，他にも数多くの手法がある。たとえば，旧ソ連時代に開発されたTRIZがある。また，アイデアを製品・サービスに具現化するためのツールとして，オズボーンのチェックリスト法などがある。また，QFD（Quality Function Deployment：品質機能展開）は，技術シーズと市場ニーズを二次元の表で視覚化できることから，非常に使い勝手のよい手法である。QFDはこれまで，わが国の工学教育ではほとんど教えられることがなかった（福代・上西 2005）。しかし，今後はMOT教育には積極的に取り入れるべき手法のひとつであると思われる。さらに，「できる展開法」も有用なツールである（黒須 2009）。続いて戦略論の科目を考えよう。製品開発マネジメントの科目において実際に学生に考えさせた新製品・新サービスがあると仮定する。それらの市場性，既存製品・サービスとの競合関係等を戦略論などの考え方を用いて学生に考察してもらう。戦略論では主にSWOT分析，5Forces，VRIO分析などのツールが分析の助けとなる。

　さらに久保（2005）が指摘するように，市場の不確実性を排除することは不可能なのでシナリオ・プランニングという思考の枠組みを活用することが有効である。

　続いて，ビジネスプランの新製品・サービスの収支計画作成の段階では，財務会計，ファイナンスの知識が必須である。新事業プロジェクトの投資回収に何年かかるか，そしてどの程度の収益性が期待できるのかをDCF法，IRR法等のツールを用いて，投資の採算性を見積もる練習をして，意志決定の材料と

することができる。生産・製造段階に入ると新事業計画におけるリスクを顕在化させることが重要である。その場合は，リスクの見積もりやリスクが起こった時の対策準備を事前に行うなどのリスクマネジメントを行う。生産・製造段階では生産マネジメントやプロジェクトマネジメント科目も重要である。プロジェクトマネジメントの授業では，課題事例を与えてWBS（Work Breakdown Structure）を学生に作成させる演習を行うと実践力が身に付く。

　以上のように，技能（スキル）の獲得のために，各科目において代表的なツールを盛り込んでいることも技術経営教育の特徴のひとつといえよう。

8. 総合的な応用科目としてのビジネスプラン学習の必要性

　ビジネスプランの作成を目的とする科目は，MBAに限らずMOTにおいてもたいへん重要な科目である。その理由は，受講生にとってビジネスプランを作成する科目は，MOT科目で学んだ知識，技能（スキル）を総合的に応用できる実践科目だからである。ビジネスプランの項目は，一般的に図表5のような項目から構成される。ビジネスプランの構成項目は，事業化する上で必要な項目をほぼ全て含む。そのため，ビジネスプランを作成するには，技術経営教育で学習する技術戦略，研究開発マネジメント，製品開発マネジメント，経営戦略論，生産マネジメント，マーケティング，プロジェクトマネジメント，リスクマネジメントなどの諸科目で学んだ知識・技能等と思考力・判断力を適用あるいは応用するものである。ビジネスプランを実際に作成する作業を通じて，受講生は学習した科目の有機的なつながりも理解できるようになる。八杉（2007）は，ベンチャー企業経営者を対象とした聴き取り調査の結果，魔の川（開発段階に進む際の関門）を乗り越えるためにはビジネスプランの役割が大きいと報告している。このように，プロジェクトの起業や運営にあたっては，ビジネスプランはきわめて有用である。特に，既述の通り，ツールはすぐに応用が可能である。たとえば受講生は，新製品やサービスのアイデアを創出するために，オズボーンのチェックリスト法，「できる展開法」，QFD（Quality

Function Deployment：品質機能展開）などを使うことが有効である。そして，ビジネスプランの検討においてシナリオ・プランニング法を用いることや，競合製品，サービスとの比較のためにSWOT分析，5Forces，VRIO分析を用いることもできる。また，ビジネスの収支見込みを作成する上ではDCF法，IRR法等のツールも有効である。このように各種ツールを積極的に活用することによって，よりレベルの高いビジネスプランの作成が可能となる。

図表5　ビジネスプランの構成項目

1.事業概要	8.競合分析
2.事業理念	9.基本戦略と事業展開計画
3.事業目標	10.経営者と組織体制
4.商品サービスの魅力・競争力	11.収支計画
5.事業環境	12.資金計画
6.顧客分析	13.タイムテーブル
7.市場分析	14.リスクマネジメント

（出所）伊藤（2005）を参考に筆者作成

　以上のように，ビジネスプランの作成を内容とする教育方法は，学生が知識，理論，ツールを具体化して理解することができるため，応用力と実践力の獲得の観点からは必要性の高い科目である。

9. アクティブラーニング

　技術経営教育においてはアクティブラーニングを重視する。アクティブラーニングとは「能動的な学習」のことで，課題研究，PBL（Project Based Learning），グループ討議，プレゼンテーションなど，学生の能動的な活動を取り入れた授業形態である（河合塾 2011）。教員が一方的に知識を伝達する座学タイプとは異なり，学生が主体的に授業に取り組むものといえる。アクティブラーニングが効果的だといわれる根拠として，ラーニングピラミッド（図表6）が知られている。ラーニングピラミッドの右肩にある比率は平均学習定着

図表6　ラーニングピラミッド

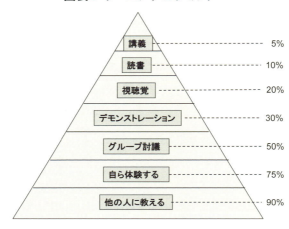

（出所）河合塾（2011）

率を示し，授業から半年後に内容を覚えているかどうかを，学習形式によって分類比較したものである（河合塾 2011）。これを見ると，講義はわずか5％の定着率であり，ピラミッドの下に行くほど，つまり学生の主体性が高まるほど，定着率が高まることを示している。筆者は授業において，アクティブラーニングを特に重視しており，理論の講義だけでなく，事例を題材としたグループ討議，プレゼンテーションなど学生が主体となる形態の授業方法を多用している。

　アクティブラーニングのひとつとして，筆者が担当するプロジェクトマネジメントの講義において「飛行機ゲーム」（Legg, 中村訳 1996）というシュミレーションゲームを実施している。飛行機ゲームは，一定時間内（15分）にグループ毎に紙で飛行機を工作し，飛行機の完成品や部品の数の多寡を競うゲームである。授業では，グループ毎にゲームの作戦をたてさせ，完成品や部品の数を計算して損益計算し，勝敗を決める。ゲーム後に，生産品，仕掛品の数量や関連費用に基づいて損益計算しゲームの結果について良かった点，悪かった点等をグループ討議させ発表してもらう。自分たちが考えた作戦が，な

ぜうまく機能したのか，あるいは機能しなかったのか，その理由をグループ討議によって，学生に「振り返り」を行ってもらうことにより，生産マネジメントやリーダーシップ，チームワークなどの組織論を実践的に理解することが可能となる。ゲームは学生の主体的な活動を促す効果的な教育方法であると考えている。飛行機ゲームはそれ自体がゲームとして楽しめる。社員研修にも適しており，筆者は企業から依頼され，社員研修としてこのゲームを企業で実施することもある。

10. プラクティカム

「プラクティカム」とは，立命館大学大学院テクノロジー・マネジメント研究科が実施している課題解決型長期企業実習である。これは典型的なアクティブラーニングの手法といえるもので，企業現場の現実の課題解決に取り組む実習授業である。これはまさに応用力と実践力を育む最適な教育方法のひとつであると考えている。

以下では立命館大学大学院テクノロジー・マネジメント研究科のプラクティカム案内パンフレットでの記述をもとに，その概要を説明する。プラクティカムの特徴は，企業が抱える課題に対して，学生が講義で学習した理論，フレームワークなどの知識を総動員して，課題解決策に取り組む点である。実習先で企業等の定型的な仕事を経験する一般的なインターンシップとは大きく異なる。学生はプラクティカムに参加することによって，あたかも社員の一員になったかのように，企業の現場で課題解決を疑似的に体験することができる。講義で学んだ理論や方法論を課題解決に適用することによって，深く理論や方法論を理解し身に着けることができる。そうした経験知識を論文研究にフィードバックすることも可能である（ただし，秘密保持等のため実習先の同意が必要）。

プラクティカムの成立要件は，企業が解決を求める課題と学生の研究対象が合致することである。このため，例年，多様な業種の受け入れ企業を募集し，

企業と学生のマッチングを図っている。立命館大学大学院テクノロジー・マネジメント研究科の教員が，課題設定，アプローチの仕方，調査，成果の取りまとめなど総合的にサポートする。そのことで学生は高いレベルでMOTの理論や方法論の実践をすることができる。プラクティカムの履修期間は3ヶ月〜6ヵ月と長いため，企業組織とビジネスの実態について時間をかけて知ることができる。プラクティカムの実施によって得られた発明，ノウハウ，著作権等他の成果は基本的に実習先に帰属する。プラクティカムの協力企業（協力企業として企業名を公開可能と回答された企業）は，アビームコンサルティング㈱，JAXA（宇宙航空研究開発機構），大日本スクリーン製造㈱，日本金銭機械㈱，三菱電気㈱，村田機械㈱，ローム㈱など全国約30社に及ぶ。

11. まとめ

　技術経営は時代が要請する学問である。技術の価値を最大限に収益化するためには，技術のみを追求するのでなく，技術と市場のマッチングを図るマネジメント能力が決め手になる。特に，日本の中小企業はサプライヤー企業が多いせいもあって，自ら市場と向き合って新製品開発や顧客開拓をする学習能力が十分とは言い難い。世界に誇れる一流の技術を持っていても，実際に市場で評価されなければ収益化が図れない。

　ようやくわが国においても技術経営の重要性についての理解が浸透しつつある。技術経営の知識・技能をフルに活用して，イノベーションの果実を享受することが，中小企業に求められている。

【注記】
(1) 本章の内容は，筆者が第4回横幹連合コンファレンスで発表した名取（2011）をベースとして，新たに書き直したものである。
(2) IMD（International Institute for Management Development）はスイスをベースとするビジネススクールである。毎年，国別の国際競争力ランキングを発表し

ている。
(3) "Lock in" という英語の意味は「閉じ込める」こと。

【参考文献】

伊藤良二（2005）『成功するビジネスプラン』日本経済新聞社
飯田永久（2006）「わが国におけるMOT教育の課題」『吉備国際大学政策マネジメント学部研究紀要』第2号
MOTアレクディテーション検討委員会（2006）『MOT教育ガイドライン』経済産業省
河合塾編著（2011）『アクティブラーニングでなぜ学生が成長するのか』東信堂
黒須誠治・竹永裕一（2009）「用途開発方法「できる展開法」におけるスローガン設定と業種一覧の活用」早稲田大学WBS研究センター『早稲田国際経営研究』40
久保元伸（2005）「理工系大学院生に対するシナリオ・プランニングの指導と実践」㈳日本工学教育協会『平成17年度 工学・工業教育研究講演会講演論文集』
鈴木明秀・大来雄二（2003）「企業内技術者教育としてのMOTのあり方」㈳日本工学教育協会『平成15年度 工学・工業教育研究講演会講演論文集』
周佐喜和・鈴木邦雄（2008）『―技術者・研究者もよくわかる―マネジメント入門』オプトロニクス社
髙橋美樹（2003）「イノベーションと中小企業」『中小企業存立基盤の再検討（日本中小企業学会論集㉒）』同友館
中小企業庁（2003）『中小企業白書 2003年版』ぎょうせい
寺本義也編著（2008）『「育てる・見つける」優れた技術者』生産性出版
寺本義也・山本尚利（2004）『技術経営の挑戦』ちくま新書
中河正勝・平林裕治（2007）『なるほど!これでわかった 図解よくわかるこれからのMOT』同文舘出版
名取隆（2011）「応用力と実践性を重視した技術経営教育」第4回横幹連合コンファレンス
名取隆・山本聡（2010）「ものづくり中小企業による新市場・新製品開発の成功要因―MOT人材の育成が鍵―」研究・技術計画学会『第25回年次学術大会講演要旨集』
福代和宏・上西研（2005）「理工系大学院生を対象としたQFDの指導」『日本工学教育協会 平成17年度 工学・工業教育研究講演会講演論文集』

松田修一（2003）「今, なぜ技術系人材への経営教育（MOT）が必要か」『情報管理』vol.46, No.4.

八杉哲（2007）「学生による起業事例についての研究：魔の川を超える条件」『日本経営教育学会全国研究大会研究報告集』(55)

吉田敬一（1996）『転機に立つ中小企業―生産分業構造転換の構図と展望―』新評論

立命館大学大学院テクノロジー・マネジメント研究科「2011年度　案内パンフレット」

立命館大学大学院テクノロジー・マネジメント研究科「プラクティカム案内パンフレット」

Legg, L. (1994) "Planes or bust: an OPT scheduling game," Armstring R., Percival F. and Saunders, D. *The Simulation and Gaming Yearbook Volume 2: Imleratiue Learning*, London: Kogan Page. pp.209-219.（中村美枝子訳『飛行機ゲーム』流通科学大学論集31(1), pp.57-65, 1996年）

中小企業と資源動員

1. 中小企業を取り巻く環境の変化

　中小企業を取り巻く環境は大きく変化している。どのような環境が中小企業に影響を与えているか，ざっとみてみよう。

　まず，需要面においては，中小企業のアウトプットを最終的に消費する側の構造が変化している。1つは，人口動態の変化で少子高齢化と言われているものである。裕福で消費意欲が旺盛なシニア層が拡大し，彼らをターゲットに大画面テレビ，医療保険サービスや個人旅行サービスが生み出されてきた。一方，若年層はIT技術を駆使して初音ミクに代表されるようなユーザーでありながらコンテンツ[1]を作成・提供するようになっている。大量生産・大量消費時代を経て経済的に成熟した社会の中で，価値観や意識の多様化も進み，様々なライフスタイルを生み出している。その結果として，市場セグメントは細分化され，製造業においては多品種少量生産，サービス業においては個人サービスへと競争の焦点がシフトしている。

　次に，取引環境である。日本製造企業のグローバル市場での苦戦がクローズアップされて久しいが，こうした大手企業と取引している中小企業は多い。買い手企業がコスト削減を狙って海外へ生産拠点を移転したり海外メーカーへ切り替えたりすることで，中小企業では，これまでの受注量を維持することが難しくなっている。系列取引も崩れかけており，直接・間接的に海外（特に新興国）メーカーとの競争に晒されているのだ。自ら海外進出を目指す中小企業の中には，経営資源やノウハウの不足から苦戦を強いられているところが多い。

　以上は中小企業にとってのアウトプット市場に関するものであるが，インプット市場の変化も大きい。重要なインプットの1つは労働である。上述のよ

うに就労人口の現象がみられる中で，地方と中央のアンバランスも指摘されて久しい。よりよい就労機会を求めて多くの人が（特に若手が）中央にシフトする。一方で，取り残された地域では過疎化と老齢化が進んでいる。その中で，如何に若手を確保するかは中小企業にとって大きな課題である。原材料市場も変化する。海外から原材料を輸入している中小企業にとっては，現在の円安傾向から原材料の輸入コストが大幅に増加している。

　中小企業をとりまく政策環境も変化した。1963年制定の中小企業基本法では，大企業と中小企業の格差の是正に目的が置かれ，中小企業構造の高度化，スケールメリットの向上が追及された。それに対し，1999年に改正された中小企業基本法では，多様で活力のある中小企業の育成・発展を目的とするようになった。同年には「新事業創出促進法」「中小企業経営革新支援法」が制定され，さらに，2001年「産業クラスター計画」2005年「中小企業新事業活動促進法」などが打ち出された。こうした一連の中小企業に関連する政策では，中小企業の発展が地域の発展とも関連付けて考えられ，機動性や創造性を発揮して新たな価値を生み出そうとする中小企業の支援がなされるようになった（細谷 2014）。

　企業を，インプットをアウトプットへ変換する変換マシーンと捉えると，変換マシーンの効率と質に影響を与えているのが，技術である。その変化も著しい。特にIT技術の進化は目覚ましく，ノウハウのデジタル化を加速させているし，クラウドはヒトや組織の物理的制約を超えてバーチャルな世界へと記憶の外部化を進展させた。このような技術進歩をどのように取り入れるかは社会・制度・文化などに左右される。地方都市や地方都市に広く分布する中小企業にも，技術進化は様々な形で影響を与えている。

　このように，ちょっと挙げただけでも中小企業を取り巻く環境が大きく変化してきていることがわかる。中小企業に関わらず，企業は環境変化に対し対処しなければならない。しかし，経営資源が大手企業に比し少ないということが，1つの問題として，中小企業の環境変化への対応に大きな影響を与えている。

2. 中小企業と資源動員

　中小企業の環境変化への対処において経営資源が制約になるという状況を，「専門性」，「収益性」，「継続性」という観点から見直してみよう。

　まず，中小企業と大企業の違いの1つは，その「専門性」の範囲が狭いところに見られる。大企業であれば，複数の製品や事業領域を抱えているが，一方，中小企業は経営資源が限られているため，ある製品，事業領域に特化していることが多い。そこに「専門性」を見出し，集中して資源が投下されているのである。そういった場合，いわゆる製品，事業領域に関するポートフォリオ管理を活用することが困難になる。ポートフォリオ管理と言えば，ボストンコンサルティングなどが開発した製品ポートフォリオ（PPM）やGEのビジネススクリーン（事業ポートフォリオ）が有名だが，収益性や成長性の観点から製品や事業領域を分類し，うまくいっている製品や事業領域から上がってきたカネという資源をほかの製品や事業領域にどのように投下していくか，その判断に使われるツールである。取り扱っている製品が少なく，事業領域が限定されている場合，その企業の「収益性」は，ある部分に集中するようになる。「専門性」を高めることで，他社より秀でることも可能だが，一方でこれは大きなリスクを生む。その事業や製品が何らかの理由で先細りになった場合に，他の製品や事業への転換が難しくなるのである。

　先細りの理由としては，上述のように，取引先の戦略や企業を取り巻く環境の変化のほか，中小企業でよく指摘されている後継者問題や優秀な人材確保・育成の難しさもある。これはヒトという経営資源の制約が事業の「継続性」に与える問題である。中小企業の世代交代が行われたときに，経営方針や事業運営，経営ノウハウがうまく引き継げず，先代が培ってきた取引先との関係を悪化させてしまったり，失注したりするリスクもある。また，家族経営で回してきたが跡取りが後を継がない，ということもある。

　このように，中小企業では，一般に「専門性」が狭く（専門特化），収益源が一点に集中し，「継続性」が不安定である，といった問題を抱えている。そ

して，それらは資源が制約されているが故の問題なのである。こうした資源制約に対処するには，外部からそれを補わなければならない。中小企業にとって資源を外から動員すること（資源動員）は重要な課題なのである。

コラム

ポートフォリオ

　お馴染みではあろうが，ここで製品ポートフォリオと事業ポートフォリオについておさらいしておこう。

　製品ポートフォリオとは，限かぎられた経営資源を複数の製品にどのように配分するかを判断する際のツールである。基準軸となるのは，マーケットシェアと市場成長率であり，これにより利益と成長のバランスを図る。

　一方，事業ポートフォリオは，事業レベルのもので，複数の事業をどう展開するか，考えるためのツールである。GEは1950，60年代に積極的に多角化したが，企業全体の収益はあがらなかった。そこで，GEでは市場シェアが低い事業からは撤退し，一方で，FA，CAD・CAM，医療システム，サービスなどに集中して投資を行った。その際のツールがビジネススクリーンである。指標は2つで，1つは業界の魅力度である。具体的には市場規模，市場成長率，産業の収益性，循環性，インフレへの対応，非アメリカ市場の重要性で測定される。もう1つは，事業ユニットの地位であり，市場における地位，競争上の地位，相対的収益率で測定される（伊丹・加護野 1989）。

製品ポートフォリオ

	市場シェア	
	高い	低い
期待される成長率　高い	花形	問題児
期待される成長率　低い	金のなる木	負け犬

事業ポートフォリオ

	業界の魅力度		
	高	中	低
事業ユニットの地位　高	増強		維持
事業ユニットの地位　中			
事業ユニットの地位　低			撤退

3. 資源動員とイノベーション

　こうした資源の制約を受けている中小企業においても，イノベーションは重要である。企業規模に関わらず，イノベーションが企業の栄枯盛衰に大きく関係するからである。本節では，イノベーションと資源動員の関係を見ておこう。

　まず，イノベーションとは何か。イノベーションの定義においては，その大家であるシュンペーターが引用されることが多い。シュンペーターで強調されたのは新結合で，モノや力を従来とは異なる形で新たに結合することである。具体的には，①まだ消費者に知られていない新しい商品の新しい品質の開発，②未知の生産方法の開発（科学的新発見に基づいてなくてよく，商品の新しい取り扱い方等も含む），③従来参加してなかった市場の開拓，④原料ないし半製品の新しい供給源の獲得，⑤新しい組織の実現，の5つである[2]。ここで重要なのは，これらの新結合には，科学的新発見は含まれていなくてもよく，既存のものの組み合わせでもよいということである。さらに，企業というコンテクストで考えるなら，イノベーションは経済成果をもたらすという側面が重要である。単に価値を創出するだけではなく，それを収益に結び付けることができるかどうか，という視点である。逆にいうのなら，収益モデルやそれを実現するためのビジネスシステム，即ち，ビジネスモデル[3]がきちんと設計・構築されていないと，イノベーションの果実はもぎ取れないということだ。そういった意味では，イノベーションの上位概念としてビジネスモデルがあると言っていいのだが，ビジネスモデルそのものもイノベーションの対象になる。一般にイノベーションは技術革新と訳されることが多いが，実は，イノベートされる対象は技術とは限らない。製品アーキテクチャ，商品，サービス，売り方・買い方，ビジネスプロセス（仕事の仕組み）等いろいろと存在する。ビジネスモデルのイノベーションとは，新たなビジネスモデルを構築することで，新たな付加価値を生むと同時に，その創出された付加価値の取り分を大きくするものである。

中小企業における資源の制約は，このイノベーションの遂行に大きな影響を与える[4]。経営資源の少ない中小企業がイノベーションを遂行するには，大企業に比しさらに大きく多様な資源の動員が必要となる。では，イノベーションに必要な資源をどのように動員していったらよいだろうか。

4. 資源動員のプロセスとポイント

本節では簡単に企業が資源動員する際のプロセスとポイントを示したいと思う。最初に特定するのはイノベーションの対象である。何をイノベートしたいのか，それを決定するプロセスも重要であり，一連の研究がなされている。しかし，ここではそれはすでに決まっているものとして，資源動員の一般的なプロセスにフォーカスすることとし，以下に示してみよう。

① イノベーションを遂行するにあたって，自社に不足している資源はなにか，特定する。
② その資源動員の選択肢とそれぞれの選択肢において障害になっていると思われることを見つける。
③ 資源を動員するにあたって，関わってくるステークホルダーや制度・仕組みを特定し，どのようにアプローチするか考察する。
④ 資源動員を決定する際の意思決定プロセスはどのようなものか，考える。
⑤ 動員された資源と既存の資源との間に融合を図る。
⑥ 将来のために資源動員と融合のために自社に必要な能力を構築する。

これらは互いに関連し合っていたり，同時並行で進めるほうが効率的・効果的であったりする。

まず，①において，イノベーションの遂行に際し，自社の不足している資源を特定するためには，当該イノベーションにおけるバリューチェーンを描いてみるとよいだろう。図表1は製造業の例である。ある製品を開発し，商業化し

て収益を上げるまでに必要な機能において、自社のみでは対応しきれない部分はどこだろうか。よくみられるのは、基礎研究や製品開発（応用開発）において、大学との共同研究を進め、そこで得られた知見をイノベーションのインプットとして活用することだろう。また、販売やマーケティングにおいても、それが新製品であるならば自社の既存の販売網（資源）で売りさばくことが可能なのかどうか、考えなければならない。もし、難しい場合は、外部の資源を活用することを考慮しなければならなくなる。

　動員しなければならない資源が特定できたところで、今度はその資源動員の選択肢とそれを阻むであろう問題を特定する。たとえば、基礎研究において多くの資金が必要となるが、それが一社で賄えない場合、いくつかの選択肢がある。たとえば、銀行からの融資であったり、大学との共同研究助成金であったり、公的資金であったりする。銀行からの融資は利率が高いなど、融資を有利に得ることができない（＝障害）のであれば、利率の低いほかの選択肢を考える必要がある。また、動員するための時間軸の検討も必要だろう。動員するために、やたら時間がかかるというような場合は障害と見做すことができる。

　さらに動員するに当たっては、どのようなステークホルダーへアプローチをかけたらよいか、どういった制度を活用したらよいか等、動員の方法について考えてみよう。これまでアプローチしたことがない制度を活用するような場合、最初に誰にアクセスをしたらよいだろうか。たとえば、大学の教授に最先端技術の共同開発を持ちかけるとき、直接、当該教授にアクセスしたらよいか、あるいは、大学に窓口担当が存在しているか、あるいは、教授と知り合いだという人から紹介をもらうのがよいか等、資源動員を効率的に図るためのアプローチ法を考えるのである。窓口が整った大学であったとしても、紹介をもらったほうがスムーズに運ぶ場合も多い。

　④は見落とされがちだが重要なプロセスである。資源動員の意思決定においては、組織内でその資源動員が正当化される（正しい方策として認められる）ことが重要なのだが、それを阻む壁があることが指摘されている。武石・青島・軽部（2012）は、資源動員の正当化メカニズムを「イノベーションの推

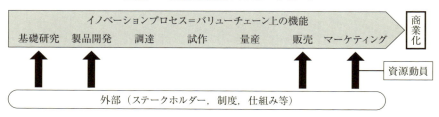

(出所) 著者作成

進に対する（固有の）理由」と「期待される資源動員量」、それを阻む「資源動員の壁」から次のように規定している。まず、イノベーションが経済的成果を生むためには、当該イノベーションに対する客観的な経済合理性、つまり汎用性の高い理由が存在しなければならない。どの程度汎用性が高いかによって「製品を購入する」という幅広い支持が確保される。しかし、事業化においては、必ずしも客観的な成功の見通しが立っているわけではなく、多様な相手に向けて多様な理由によって支持を獲得して初めて事業化への資源動員が認められる（壁を乗り越える）[5]。

イノベーションにつぎ込まれる資源動員量は図表2、メカニズムは図表3で現される。図表3は、多くの資源動員量が必要な場合は、イノベーション推進に対する理由は汎用性を高くすることで、支持者出現率が高まり、したがって支持者も多く獲得できる。一方、要求される資源動員量が少ない場合には、イノベーション推進に対する理由は個別（ローカルな）理由で満たされることを示している。ただし、要求量が多いのに理由が固有のままであると、広く人々を説得できる理由を持たないため、期待される資源動員量を確保できない。これが資源動員の壁である。

この壁をクリアするルートとして、理由の固有性を所与とし潜在的支持者や支持者出現率の増大（特定の支持者層に訴える）、理由の汎用性の向上による支持者増大、支持者あたりの資源動員力の増強（技術者層ではなく経営者層に働きかける等）の3つが指摘されている。

図表2　資源動員量の式

(出所)　武石・青島・軽部（2012）p.130より

図表3　資源動員の壁を形成する要因と関係の構図

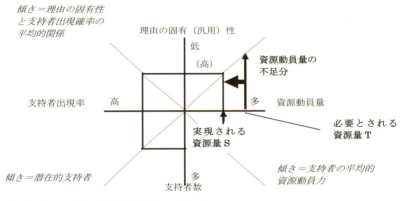

(出所)　武石・青島・軽部（2012）p.130より

　特に重要なポイントは，資源動員を正当化するために外部の影響力を利用するところだろう。イノベーションの推進者が意思決定者と異なる場合，そして，経営層からは遠く現場に近い場合，つまり直接的に意思決定に参加できない，あるいは決定プロセスに影響力を持たない場合に資源動員の壁を乗り越えるためには，取引先であったり，学会報告であったり，他部署の上司だったり，様々なところで力のある支援者を獲得するか，多くの支持者を募ることが有用だったりする。中小企業の社長がみずから推進者であるような場合は，この壁は低くなるだろうが，外のステークホルダーとの関係においては，ステークホルダーの意思決定プロセスにおいて誰を支持者として獲得するかは依然重

要である。

　次の⑤は既存資源との融合だが，ビジネスシステムが既存資源を基に作られている場合は，ビジネスシステムに新たに導入する資源が影響を与えるかどうかを考える必要が出てくる。影響を与える場合には，ビジネスシステムをどう調整していくかも重要な問題であろう。

　最後は組織能力の構築についてである。こうした資源動員が将来にわたって発生することを考えて，資源動員のための組織能力を自社内に構築する必要が出てくるだろう。外と中とのつながりをマネジメントする人材のことを，ゲートキーパー[6]とかトランスレーター[7]などと呼ぶ場合があるが，既存資源との融合を考える場合には，ゲートキーパーやトランスレーターの能力だけでは十分ではない。Teece（2007）は，急激に変化する環境に対応して柔軟に社内外の資源を統合，構築，再編して競争優位につなげていく能力をダイナミック・ケイパビリティと称し，センシング（学習し，機会を感知，フィルタリング，形成，測定する分析システム，および個人の能力），シージング（機会のシージングのための企業構造，手法，デザイン，インセンティブ），脅威／変形のマネジメント（特殊な有形無形の資産の継続的なアライメント，再アライメント）の3つを指摘した。

　以上，本章ではイノベーションと資源動員を取り上げ，中小企業の文脈から論じた。最後に本章では，事例研究（ケース・スタディ）として島根県の中山間地域[8]で旅館業を営む小規模企業，旅館樋口を取り上げる。大きな環境変化に直面して立ち行かなくなった事業を再建していく事例である。旅館樋口は，再建にあたって，新たな収益モデルを打ち立て，それに向かって既存のバリューチェーンやビジネスシステムから脱却，新たなシステムを構築していった。このプロセスはイノベーションと捉えることができる。同社はどのような環境変化に直面し，如何にビジネスモデルを転換していったのだろうか。旅館サービスのコンテンツとそのステークホルダーを明確にしつつ，旅館樋口における収益モデルの転換とそれを可能にするビジネスシステムはどのようなもの

か整理し，資源動員をどのタイミングでどのように行ったのか，考えてみよう。さらに，本事例では，ビジネスモデルを成功させるために地域振興はなくてはならない要素であった。中小企業と地域，両者の活性化にかかわるこの事例は，1つの解決策として，政策側にとっても示唆に富んだものとなろう[9]。

5. ケース・スタディ

　島根県江津市に有福温泉はある。歴史は古く，1350年以上も前，聖徳太子の時代（650年ごろ）に，天竺より入朝した法道仙人が山奥で見つけたと言われている。海岸から5,6km離れた中山間部に位置し，60数戸が暮らし，9か所の温泉源の周りにわずか5つの旅館と3つの公衆浴場が軒を連ねる小さな温泉地である。15分もあれば，温泉街を巡ることができる。旅館の規模はみな小さい。その中の1つが旅館樋口（株式会社有福観光）である。創業は明治30年で，現社長の樋口忠正氏は四代目。家からは離れ東京で仕事をしていたが，2003年に旅館樋口の融資元の銀行から要請があって帰省した。

　完全に経営が行き詰まっていた。従業員の給与さえ支払えない状況にあった。借金は1億5～6000万円程あり，融資の担保もすでにつぶれていた。ほんの手伝いのつもりの帰省であったが，結局，後継者として再建に取り組むことになった。当時の彼は「いくら負け戦でも負けようがあるだろう」というぐらいの気持ちだった。

(1) 第1期　旅館再建期（2003年～2007年）

　それから3年，樋口氏はコスト削減による損益計算書（Profit and Loss Statement，以下PL）の改善に奔走した。地方銀行からの借り入れを，しまね産業振興財団や政府系（旧国民金融公庫，旧中小企業公庫）へ分散させた。島根県の地銀や信金の利子率は全国でも高いレベルにある。地銀は1つしかなく，競争原理が働きにくいことが理由である。全国と比較すると高い利率が設定され，業績が悪いと3～4.5％にもなっていた。産業振興財団においては，設備

貸与という枠組みを活用した。それは，財務体質が悪いなりに審査可能でリース償却するという制度である。近年では商工中金へも振り分けている。こうした振り分けの結果，毎月の利払いを少し軽減することができた。

一方で，彼はインターネットを通じたマーケティングを少しずつ取り入れ始めた。当時，旅館業でもじゃらん等のインターネットによる予約販売は1つのマーケティングツールとなっていた。加えて，2000万円の融資を得て，大浴場の改修と，27部屋あった客室のうち4部屋分をつぶして露天風呂付客室を2つ新たに設置した。当時，露天風呂付客室がちょうど脚光を浴びつつあり，それにあやかったのである。たった2部屋ではあったが，高い料金を設定することが可能になり，結果，稼働率も上がった。すると，樋口氏が引き継ぐ前年（2002年）には9000万円程度だった売上が2003年には1.5億円，2004年には1.8億円に拡大，2006年には2.3億円と2億を超えるようになった。しかし，インターネットマーケティングで遠のいていたお客はすこしは取り戻せたものの，旅館としてのサービスも他の客室・施設も旧態然としてニーズには追い付いておらず，顧客満足度は苦戦を強いられ，このままサービスを続けても悪い評判が立つだけだった。

そこで，樋口氏は賭けに出る。利益が拡大していけば，そしてそれを裏付けるビジネスモデルさえ構築できれば，融資も低金利で借りることができる。2006年のことであった。

旅館樋口は2006年に大きなビジネスモデルの転換を図る。まず，1.6億円の融資を得て，統一感を持たせた内装と客室の改修を行うなど全体リニューアルを実施した。内装のコンセプトは「非日常」で，館内には竹をモチーフに化粧が施され，燻された茶葉の香りがほのかに匂うよう香をたくなどディーテールにもこだわり，「竹と茶香の宿」として生まれ変わった。部屋数も数年かけて，全27室110名収容だったものを，客室を統合し露天風呂を設置して全20室45名[10]とし，広く贅沢な空間を創出した。従来の温泉旅館から高級旅館への転身である。

旅館業のターゲットは，日本経済が右肩上がりの成長を見せていた時代は団

体旅行や社員旅行であった。規模の経済が追及され，どこの旅館もそれに見合った仕様への投資を行っている。経済が成熟するとともに旅行スタイルは変わり，個人旅行が主体となっていったが，箱物はなかなか変えることができない。変えようとしても需要は低迷するばかりで，改修投資に堪える利益を確保できないのが地方の小さな温泉街の常だった。

　旅館樋口では，2003年からの収益改善により，この負のサイクルを断ち切るための投資には道筋がついていた。貸し手も，数少ない借り手が倒産することは望まない。計画的に借りられるか（返せるか），そのための収益モデルができているか，という経営者の手腕が問われる。高級旅館という箱に加えてやるべきことは，ターゲットの転換に見合うビジネスシステムの構築である。旅館樋口は団体旅行・社員旅行から個人旅行へとターゲットを変えたが，それを効率的に進めるには，代理店ビジネスとの決別が必要だった。旅館樋口では，それまでのJTBなどの旅行代理店に依存していた集客システムをやめて，インターネットマーケティングと電話による直接予約に切り替えた。電話による直接予約とは，言い換えれば，常連客による口コミ（バイラル）マーケティングである。旅行代理店は，大量に旅行客を送り込める交通の便の良い観光地を優先し，有福温泉のような小さく交通の便も悪い温泉地は後回しにする傾向にあった。一方で契約料は15％と高かった[11]。つまり，旅行スタイルが変わるにつれて，代理店システムは，有福温泉のような小さな温泉街の旅館の集客システムとしては機能しなくなっていたのである（図表4参照）。このような従来のビジネスシステムには未練はなかったが，それを断ち切るには勇気と自分で新たなシステムを作るのだという気概が必要だった。特に，休日前や土曜の稼働率を上げるためには，大量に集客できる代理店システムのほうがよいと思われていたからであった。

　旅館樋口では，このような新しいビジネスモデルの導入以降，2億4〜5000万円の売り上げを確保し続けており，より洗練された高付加価値の旅館サービスを提供すべく，毎年，2000万円ほど（売上高の1割弱）の投資を行っている。

図表4　ビジネスシステムの転換

（出所）著者作成

(2) 第2期　温泉街の復興（2008年〜2013年）

　さて，いくら旅館樋口が頑張っても温泉が廃れていては，マイナスイメージが残る。集客も限定的になるであろう。温泉街の復興が不可欠である。

　転機となったのは，2008年の有福温泉旅館組合の役員改選であった。それまで役員は70歳代が中心となっていたが，この改選で30〜40歳代の若手に移行した。樋口旅館に加え，三階旅館，小川旅館の若手経営者がこぞって役員となったのである。彼らは有福振興株式会社を設立し，温泉街の再建計画をまとめた。ここに，民間企業・行政（江津市・商工会議所）・協調金融機関が一体となって温泉街を復興させる体制が整ったのである。

　再建計画の下，1.7億円を投じて空き家や空き店舗の利用推進，彩りある懐かしい街並みづくり・景観作成が始まった。有福振興では，空き家を利用した外湯施設の設置，6つの貸切風呂の新設，カフェの設置（2010年オープン），源泉垂れ流し改善・衛生確保のための集合タンクと加温装置の設置およびパイプラインの整備を実施した。また，行政では，神楽殿の建設（および場所の移動），既存外湯の修繕，河川沿いの修景，公衆便所および階段改修，照明等の設置などを行った[12]。これらは小さな温泉街の中心地にあり，その景観をまず整備したのである。

　有福振興という企業の役割は，単なる資金の受け皿にとどまらない。再建計画で設置されたカフェと貸切風呂のマネジメントを行うなど，実際のビジネスに携わり，経営ノウハウを地域に蓄積すると同時に，経営者の育成にも貢献し

ている。

　有福振興がこのような機能を果たすことができるのは，若手役員がそれぞれ有福振興の社長（旅館樋口社長が兼務）および連帯保証人となり，温泉街としてのビジネスに直結した危機感のある「企業としての」マネジメントと迅速な意思決定が可能となっているからである。一方，樋口社長は合議制をとる自治会には参加しないなど，民間企業としてやることとやらないことを明確に分けることで，既得特権の影響範囲を限定している。このシステムは一見，見過ごされがちだが，非常に重要である。多くの温泉街の再開発は，温泉組合や自治会の，主に長老が主導しているが，それがゆえに合議制による意思決定と既得特権の強い主張により，なかなか進展しないからである。

　加えて，温泉街ぐるみの全体マーケティング戦略として，空き部屋を旅館横断的に検索・予約できるインターネットマーケティングサイトを構築，地域の旅館に平等に販売機会を提供する仕組みとした[13]。小さな地域に旅館が集まれば，客の取り合いになりそうなものだが，図表5のように価格帯の棲み分けを行うことでこれを避けている[14]。これらの施策により，販売情報が「見える化」され，個々のビジネスを侵害することなく互いに高めていく方向性が保持されるようになった。それが集客のための地域再建への協力を可能としているのである。

(3) 第3期　社内システムの整備（2012年〜）

　旅館樋口では，少ない人数で効率的なマネジメントを行うために，従業員のマルチタスクシフトを組んでいる。大手旅館のように業務別組織にすると組織間の情報の流れが悪くなる。少ない人数で高級旅館のサービス品質を提供するためには，一貫した流れを理解しながら多くの業務をこなせる従業員が必要であり，かれらで柔軟にシフトを組む必要がある。そのためマルチタスクがこなせる若い人材を雇用している。旅館樋口の従業員の平均年齢は37歳である。一般にみられる旅館の仲居さんと比較してみれば違いは一目瞭然であろう。一方でマルチタスクを奨励するインセンティブシステムも同時に導入した。たと

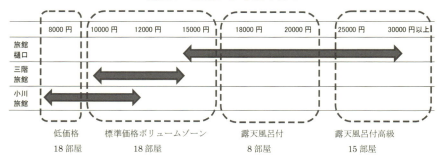

図表5　旅館による棲み分け

（出所）有福振興の資料に基づき著者作成

えば，予期しない客が宿泊した時にも十分に臨機応変に接客ができた場合などが評価された。さらに，旅館樋口ではこのようなマルチタスク，柔軟なシフトを支援する仕組みとして，2013年からSalesforce.com（セールスフォース・ドットコム）を導入した。調理場を含めてすべての部署ですべての従業員が当日の宿泊状況，タスクの確認，そして売上，コスト等の情報を共有できるようにしている。

　旅館側のシフト状況が宿泊サービスに影響を与えることは絶対にしない，というのが樋口社長の方針だった。そしてそれがきちんと従業員の給与，能力，インセンティブと連動している。これが樋口旅館の内部組織の強みである。

(4) これからの旅館樋口，有福温泉街

　旅館業というのは設備産業であり，設備投資が必要となる。また中小企業の経営状況を大企業よろしく経常利益率で判断するのは難しい。これまで旅館樋口の経営においては，設備投資のための借金が拡大している。2002年当時は1億5〜6000万円だったのが，リニューアル後には3億円強，2013年には4億5〜6000万円となった。しかしながら，借金は悪ではなく，借金の影響を極力軽減しつつ売り上げ拡大を継続していくことこそが重要なのである。いわゆる静態的会計（BS=Balance Sheet中心）よりはむしろ動態的会計（PL中心）で

その時々の状況にあった評価が求められる。旅館樋口では，現社長がPLの改善に早い時期から対処していった。後継者問題，つまり経営者の世代交代がすぐに完了したのが幸いであった。小さい会社，特に同族経営では経営の采配のキレやスピードが遅くなるとリスクが大きくなるからである。

図表6　旅館樋口の年表

年	出来事
2003年	樋口忠成氏 社長就任 2部屋（託舞，貴船）露天風呂付客室化 大浴場 修繕 HPをすぐにテコ入れ，予約システム稼働 インターネットチャネルへの登録販売開始
2004年	3部屋（天神，恵比寿，塵輪）露天風呂付客室化
2006年	竹をモチーフにした内装工事 個人客を主体とした設備，マーケティングとしながらも，リアルエージェントとの契約は0とした（※高い手数料販売はしない）
2008年	3部屋（金明，八幡，恵比寿）改装 温泉組合 役員改選 有福振興 役員改正，株主比率構成改正
2010年	3部屋（大江山，黒塚，関山）足湯付から露天風呂へ 有福温泉再開発計画，始動 カフェ，足湯，神楽殿，など整備
2013年	Salesforce.com（セールスフォース・ドットコム）導入
2014年	インターンシップ開始

　2006年に新たに導入した個人客向け高級旅館サービスというビジネスモデルは，2013年時点で高く評価できるようになった。この数年の売上高は2億4000万円前後で推移している。顧客のリピート率では，常にアクティブなデータベース年間1万件のうち，5000人はリピート客と50％に達した。金融機関の金利も重要な指標である。業績に応じて利子率を低くできるからである。利子率を2.5％ぐらい抑えられるとPLへの圧力が軽減できる。樋口社長に寄れば，2014年中には低利率融資への借り換えがすべて完了するという。最後に，どの程度個人客を獲得できているかを示す電話による直接予約率は，70～74％に達した。常連客の獲得に十分成功していると言える数値であろう。

　旅館樋口での新たな取り組みとして，2014年よりインターンシップの受け

入れを始めた。ゴールドマン・サックスが支援する，経営革新に取り組みたい中小企業と経営に関心がある優秀な大学生がともに経営革新を実践するプロジェクトに，採択されたのである。現在，東京より2名の大学生が半年の住み込みでインターンシップを行っている。仕事の内容の把握から始まり，経営マネジメントに対するフレッシュな提案をすることになっている。また，有福温泉としては，地熱発電プロジェクトの研究プロジェクト先として選定された。有福振興がその受け皿となっており，商業ベースに乗るようなときには中心的な働きをしていくことだろう。

【注記】
(1) これらの作品は，User-Generated-Contentsと呼ばれる。
(2) イノベーションの定義に関しては，一橋大学イノベーション研究センター編『イノベーション・マネジメント入門』p.1～3を参照した。特に5つの新結合はp.3より引用している。
(3) ビジネスモデルとは，「戦略」に基づいて　モノ・サービスを顧客に提供し事業として収益を上げるための一連の仕組みのことである。ビジネスモデルは大きく言って，「収益モデル」と「ビジネスシステム」からなる。収益モデルとは，収益を上げる，即ち，どうやって売上を上げるか，もしくは，どうやってコストを下げるか，という事業活動の対価をより多く受け取るための仕掛けである。一方，ビジネスシステムとは，顧客を終着点として，そこに製品やサービスを届けるまでに企業が行う仕事の仕組みを指す。伊丹（2007）では，このビジネスシステムを如何に作り上げるかが競争優位になると強調している。
(4) 昨今のオープンイノベーション研究は，企業が単独でイノベーションを遂行するのは困難である，という問題意識から展開されてきた。ヘンリー・チェスブローはオープンイノベーションのその道を敷いた大家である。彼の一連の著書では，うまく外との連携を図ることでイノベーションを推進する方策を提示している。中小企業のように資源の制約を大きく受けるのであれば，その重要性は高い。ただし，すべての業種でオープンイノベーションがやり易いとは限らないので注意が必要だ。
(5) ここでは，不確実性の高い中で如何に資源動員を正当化していくかがポイントであり，それゆえ創造的正当化と呼ばれる。

(6) ゲートキーパーとはプロジェクトの外部と内部を情報面から繋ぎ合わせる人のこと。Allen（1977）は，研究所における技術者集団のコミュニケーション・ネットワークを詳細に調査。技術者集団において，集団内においても集団の外部との間でも，積極的に接触し，両者を情報面からつなぎ合わせる人物を見出し，それをゲートキーパー（gatekeeper）と呼んだ。
(7) 情報の翻訳機能を担う人のこと（原田 1998）
(8) 中山間地域とは，平野の外縁部から山間地を指す。山地の多い日本では，このような中山間地域が国土面積の73％を占めている（農林水産省HPより。http://www.maff.go.jp/j/nousin/tyusan/siharai_seido/s_about/cyusan/）
(9) 本事例は多くの要素を含む。2章以外で紹介されているツールでも，事例研究をしてみることをお勧めする。
(10) 現在は18部屋であり，稼働率との関係でアクティブな部屋数を調整している。
(11) 一方，インターネットマーケティングの場合，契約料は10％程度。
(12) 日本海信用金庫「有福温泉開発計画への取り組み」http://chugoku.mof.go.jp/content/000020470.pdf
(13) 5件の旅館のうち，この仕組みに乗っているのは3件で，1件はデイサービスに業態を変え，もう1件は従来の代理店方式をとっている。
(14) もともと，旅館にはそれぞれ個性があり，価格帯もずれていたため，やり易かったこともある。

【参考文献】

Allen, T.J. (1977) Managing the Flow of Technology: Technology Transfer and the Dissemination of Technological Information within the R&D Organization. MIT-Press, Cambridge, Mass.（中村信夫訳『"技術の流れ"管理法』開発社，1984年）

Chesbrough, H. (2003) *Open Innovation: The New Imperative for creating and Profiting from Technology*, Harvard Business School Press.（大前恵一郎訳『オープン・イノベーション』産能大出版部，2004年）

Helfat, C.E. et.al (2007) Dynamic Capabilities: Understanding Strategic Change in Organizations, Wiley-Blackwell.（谷口和弘・蜂巣旭・川西章弘訳『ダイナミック・ケイパビリティ―組織の戦略変化』2010年）

Teece, D.J. (2011) Dynamic Capabilities and Strategic Management: Organizing for Innovation and Growth, Oxford Univ Press.（谷口和弘・蜂巣旭・川西章弘・ス

テラ・S・チェン訳『ダイナミック・ケイパビリティ戦略』ダイヤモンド社, 2013年）

Teece, D.J. & Pisano, G. and Shuen, A. (1997) "Dynamic Capabilities and Strategic Management," *Strategic Management Journal* 18, No.7.

Teece, D.J. (2007), "Explicating dynamic capabilities: the nature and microfoundations of (sustainable) enterprise performance," *Strategic Management Journal*, 28(13).

伊丹敬之・加護野忠男（1989）『ゼミナール　経営学入門』日本経済新聞社

伊丹敬之（2007）『経営を見る眼』東洋経済新報社

武石彰・青島矢一・軽部大（2012）『イノベーションの理由』有斐閣

原田勉（1998）「研究開発組織における3段階のコミュニケーション・フロー：ゲートキーパーからトランスフォーマーへ」『組織科学』Vol.32, No.2.

一橋大学イノベーション研究センター編（2001）『イノベーション・マネジメント入門』日本経済新聞社

細谷祐二（2014）『グローバル・ニッチトップ企業論』白桃書房

渡部直樹（2010）『ケイパビリティの組織論・戦略論』中央経済社

第3章 中小企業に適したウェブ活用による技術のマーケティング

1. はじめに―技術のマーケティング[1] とウェブサイト活用

　日本の中小製造業企業（以下では単に「中小企業」と称する），中でも自動車や電機の大企業のサプライヤー中小企業（いわゆる下請中小企業）は，系列取引の中で高い技術力とQCD（品質，コスト，納期）への対応を強みとして安定した経営を維持してきた。サプライヤー中小企業は，素材・部品などのBto B[2] 取引が主体で，従来，取引は大手企業に限定されていたために，中小企業はたとえ優れた技術を保有していても，自らそれらをPRすることは少なく，その必要性も低かった。特に，自動車産業に属するサプライヤー中小企業はそうした特徴が濃厚であった。しかし，グローバル化の進展による国際的なコスト競争の激化や昨今のような円高の状況下では，海外への生産シフトは避けられず，かつてのような大手取引先との固定的な取引だけでは将来の経営ビジョンが描けなくなってきた。こうした環境下で中小企業に求められていることは，自社技術の用途開発による新規取引先の拡大，新規事業の開発である。そのためにコア技術，要素技術を生かした新製品・新技術を開発し，潜在的な新規顧客の探索が必要になっている。中小企業は，技術力は高いものの知名度，資金力，人材など経営資源が十分でないためマーケティング力が弱い。そのマーケティング力を補完するのに最適なものがウェブサイト[3] を活用したマーケティング（以下，「ウェブマーケティング」と略称）である。

2. ウェブマーケティングの有効性

　ウェブマーケティングはすでに一般化しており，多くの企業で実践されてい

る。代表的方法としてSEO（Search Engine Optimization：検索エンジン最適化）対策，SEM（Search Engine Marketing）対策がある。高幡（2005）によればSEOとは，検索エンジンを用いてウェブサイトをキーワードによって検索するサービスにおいて，自身のサイトを検索されやすくする様々な技術的手段を講じること，そして，SEMとはSEOに加えて検索キーワード連動型広告の利用など総合的な検索エンジン対策のことをいう。商工中金（2008）は中小企業のIT活用に関する調査の中で，SEM対策やSEO対策などは，ウェブサイトへの問合せや引き合いの増加，新規顧客の獲得に貢献していると報告している。このようにウェブマーケティングは多額の費用を要せずに工夫次第で大きな効果を発揮するため，資金力が十分でない中小企業にとって最も期待できるマーケティング手法である。土井（2004，2006）は，ウェブサイトを活用して生産財の販路開拓に成功している中小製造業の事例を紹介し，中小製造業にとってウェブサイトはネット上での電子市場となる可能性があり，脱「系列」と商圏の拡大につながると述べている。ウェブサイトは多額の資金を要しないため，工夫次第では大きな成果が得られるものとみられる。さらに野村総合研究所（2011）によれば，インターネットの利用が多くの企業において新規顧客獲得につながっており，中小企業の販路開拓においてインターネットの活用が欠かせないものになっていると報告している。同様に，中山（2001）は，ウェブサイトの戦略的活用による新規受注を試みる中小企業の成功事例の分析を行っている。それによると，技術情報をある程度公開することが新規受注に結び付いたことを報告している。また，経済産業省近畿経済産業局（2009）は，中小・ベンチャー企業における映像配信を活用した新規顧客開拓を実証実験した。その結果，中小・ベンチャー企業がウェブサイトを活用し，自社技術等の動画配信を行うことは，アクセス数と問い合わせを増やし，市場開拓の効果があることを明らかにした。

　以上のように各種の研究では，ウェブマーケティングの有効性が示されている。

(1) 自社技術の「見える化」

　中小企業は多くの優れた技術があるが，技術は外から見えにくい。そこで，ウェブサイトによって自社技術をまず「見える化」して，潜在顧客から認知されやすくすることが，ウェブマーケティングの第1歩である。経済産業省近畿経済産業局（2009）によれば，大手メーカーは中小の取引先を探すときにウェブサイト等を頻繁に用いているとの報告がある。他にもローランド・ベルガーオートモーティブ・コンピタンス・センター（自動車グループ）（2008）の同様の研究がある。そこでは，自動車部品産業を事例として，要素技術の潜在顧客探索の重要性について指摘し，そのためには技術をある程度公開して，用途を逆提案してもらうことが有効であると述べている。

　このように，自社技術の「見える化」で技術の情報発信をすることは潜在顧客から自社を認知されやすくするため，結果として顧客探索につながることが知られている。

(2) 潜在顧客から"探し当てられる"ことの効果

　中小企業・ベンチャー企業を研究する代表的な学会として日本ベンチャー学会がある。筆者は日本ベンチャー学会誌上において，「ウェブサイト活用による中小企業の技術マーケティング―潜在顧客から"探し当てられる"戦略の効果と課題―」と題する論文（以下では「ベンチャー学会論文」と略称）を発表した[4]。ベンチャー学会論文で筆者は中小企業において自社技術の「見える化」による潜在顧客の探索には，ウェブサイトが最も適しており，自社技術をできるだけ「見える化」して，潜在顧客から「探し当てられる」ように仕向ける戦略が有効なことを主張した。

　ウェブマーケティングを効果的に活用する企業には次の特徴がある。第1の特徴は，ウェブサイトによる新規顧客の開拓を重視し，リニューアルやメンテナンスに力を入れていることである。常に注目される内容や充実した内容を心がけることが大切である。第2は，ウェブサイトにおいては，説明文だけでなく，製品事例やサンプルなど，視覚的な要素を豊富に盛り込むことである。潜

在顧客の目に留まるような製品事例，サンプルをなるべく多くサイトで紹介している。第3は，ウェブサイトに顧客を招くため，メールマガジン，ブログなどの他の入口とのリンクを積極的に行っていることである。各種リンクを辿って，自社ウェブサイトに顧客を誘導するように心がけている。第4は，顧客の問題を解決する提案を含む内容を発信していることである。ウェブサイトを訪問した顧客を失望させることなく，納期の早さや問題解決提案力で顧客の要望に的確に応えている。第5は，ウェブサイトと展示会との連携である。たとえば，ウェブサイトで展示会をアピールするとともに，展示会に来た潜在顧客が自社サイトを後からチェックすることを十分に念頭に置いて，豊富なコンテンツを準備しておくことが大切である。展示会を最大限に生かすためにはウェブサイトとの連携が欠かせない。

3. ウェブマーケティングを成功させるための前提条件

　ウェブマーケティングを効果的に活用するためには，一定の前提条件がある。それらの条件とはビジョン，経営戦略，組織能力（ITケイパビリティ），インタラクティブ性である。

　北見（2011）はB to B企業のマーケティングにおけるウェブサイトの利用を調査し，ウェブサイトは取引先企業の選定目的で活用されており，製品・サービス情報だけでなく，ビジョン，経営戦略等に関する情報提供が重要であると指摘している。松島（2013）は，中小企業のIT活用は個別業務への導入に留まっておりIT投資の効果を十分に享受していないと指摘し，組織の戦略目標の明確化と，経営者，利用部門及びIT担当者間における合意形成が重要であると述べている。平本（2007）は，情報システムの有効性を高めるための条件として，トップ・マネジメントのコミットメント，競争戦略との整合性などをあげている。遠藤（2013）は中小企業が新規事業開発にウェブサイトを活用した事例を紹介している。そこではウェブマーケティングは販路開拓の障害を乗り越えられる点で有効であるが戦略性のあるコンテンツの作成が必要

であると指摘している。このように，ビジョン，経営戦略が大事な条件となる。

島田・遠山（2003）および岸・相原（2004）は，企業が情報技術を使いこなすためには組織能力が必要であると述べている。その能力を「ITケイパビリティ」と呼び，それは有形資産，人的資源，情報技術から構成されると説明している。吉崎（2009）も中小企業におけるITケイパビリティの重要性を指摘している。

正田・塚田（2002a，2002b）は企業ウェブサイトの評価として，顧客とのインタラクティブ性と顧客との関係強化が重要であることを示した。つまり，単にウェブサイトを活用しさえすればよいというものではなく，インタラクティブ性などの前提条件が必要とされる。

以上の先行研究をまとめると，ウェブマーケヴィングの前提条件は，経営戦略，ビジョン及びインタラクティブ性であり，特にトップ・マネジメントのコミットメント，競争戦略との整合性などが重要であることが指摘されている。そして，何よりITケイパビリティが必要である。

4. ウェブマーケティングの課題

(1) 技術の情報開示に関してはデメリットやリスクも

ウェブマーケティングのメリットは多いが同時に課題も多い。以下ではウェブマーケティングの課題を検討する。

第1の課題は他社からの模倣リスクである。中小企業にとって安易に技術を公開すれば，他社から模倣されるリスクが生じる。模倣リスクを防ぐために製造プロセスを開示しないことが重要である。なぜなら日本の中小企業の競争力の源泉のひとつは製造プロセス技術にあるからである。その点で，やみくもに自社技術を見える化することはむしろ危険でさえあり，慎重な対応が必要である。競合企業から技術を悟られないように開示すべき内容は，加工後の部品等の製品事例，あるいはそのサンプルなどに留めるべきである。その範囲であれ

ば，潜在顧客へのアピールの観点からむしろ公開すべきといえる。筆者がある企業から聞いた話だが，「競合企業のサイトにある写真や動画などみれば競合企業の技術の中身を推測できるし，場合によっては技術を模倣することも可能だ」という。サイトで自社技術の内容を公表すれば自社技術が競合企業に模倣されて流出するリスクがある。

　第2の課題は顧客情報の漏出リスクである。中小企業にとっては自社の製品が顧客向けの部品，素材等であることが多く，それらをそのまま公開すると，顧客の秘匿情報に関わることもあり得る。竹田（2000）は，素形材メーカーのインターネットによる情報開示に対する意識調査を行った。その結果，素形材メーカーが特定取引先への依存度が高い場合は，情報開示は顧客の秘密保持に抵触するリスクがあると指摘する。このようにB to B取引の多い中小企業は，自社製品といっても完成品とは限らず，部品，素材などの形で納入されることから，それらを安易に公開することは納入先である顧客情報の漏出につながる。

　第3の課題は，「自社技術の説明が困難なこと」と「顧客の限定性」である。ニッチ分野を中心とするB to B取引の多い中小企業にとって，部品，素材等が特殊なため，顧客が限られ技術範囲は狭い分野に特化することが多い。それゆえ，自社技術を発信する時にも分かりやすく説明することが容易ではなく，顧客も限定的となる。

　第4の課題は「組織的問題」である。これは「組織的な対応ができていない」ことや「担当セクションがない」ことなどである。中小企業は，技術マーケティングを管轄する部門が不十分なことが多い。たとえば，ウェブサイトを充実させても，サイトの更新を担当する社員が不在であったり，片手間で更新作業をしていたりする場合が多い。また，サイトから問合せが来たとしても，社内でその問合せに迅速に対応する体制ができていないなどの問題がある。

　第5の課題は，顧客の問題を解決する提案力及びそのための社内体制整備の必要性である。技術マーケティングは，あくまで潜在顧客の注意と関心を引くまでの過程を扱うものである。顧客から継続的な発注を確保するには提案力と

それを可能とする社内体制が不可欠である。

　以上のようにウェブマーケティングには課題も多いため，こうした点を解消できないことから中小企業はどうしてもウェブマーケティングには消極的である。

5. ウェブマーケティングの成功事例の紹介――株式会社コダマの概要

　株式会社コダマ（本社：大阪市生野区，社長：代表取締役平井益子氏）は，金属のメッキ加工を主業としている。創業者の姉弟3人が現在，経営に携わっている同族企業である。長女の平井益子氏が社長，長男（社長の弟）の児玉義弘氏が専務，次男の児玉昌孝氏が工場長として，当社の経営を担っている。

　当社は1960年に現在の会長である児玉昌弘氏が19歳の時に大阪生野区で児玉鍍金工業所を創業した。創業時の従業員は4名だった。当時はバッグの金具や仏壇金具など装飾めっきをしていた。1970年に大阪万博で公式記念メダルのメッキを手掛けた実績があるなど，装飾めっきには定評があった。

　ところが，1990年から2000年は，当社は停滞期に陥った。大手取引先が海外に移転することになり，海外で調達できる価格まで納入価格を下げるか，あるいは取引をやめるかのどちらかを選んでほしいという宣告を受けたからである。このことを契機として，装飾めっきをあきらめ，機能めっきに転換することを決めた。日本でなければできない仕事をすれば勝ち残れると考えたためである。装飾めっきの仕事をやめたことで一時的に売上が50％減ったが，自立した企業として幅広い顧客と取引する途を選ぶことにした。すぐに仕事は来ないので会長中心に営業に励み，児玉専務は本格的なウェブサイトの立ち上げ（詳細は後述）を含めて新しい分野と顧客を懸命に探した。顧客に「何か課題はないか」と尋ねたところ，建築用のドリルネジを打ち込む時のスピードアップが課題だと分かった。そこで，建築用のドリルネジにスズメッキをして，潤滑性に優れ，打ち込みスピードを速くする機能めっきを開発できた。

　機能めっきが順調に伸びたことで2001年から2008年にかけて当社は成長期

に入った。ラインは量産自動ラインをやめて，多品種少量，超スピード，短納期に対応するため手動に切り替えた。2003年に新卒採用を実施することにし，技術系の大卒がはじめて入社した。しかし，社員の中には依然として「生活のための仕事」，という空気があった。こうした空気を変えるため，姉弟3人で相談しISOを導入することを決めた。ISOは品質上の信用になり武器のひとつになるからである。社内では大きな反対が起きたが，社員を説得して，ISOを取得することに決め，外部のコンサルタントを使わず，姉弟3人で勉強しながら導入を進めた。業績は順調に伸び，本社ビルの購入やISOの取得もできた。

　当社が本当に変化したのは2009年以降である。2009年から大卒（新卒）の継続採用を開始し2010年に長女の平井益子氏が代表取締役に就任し，理念浸透型経営を開始した。姉弟3人で議論して元気な会社とは何かを考えた。その結果，「経営理念」を中心としている会社は元気だということに気が付いた。自分の会社をどんな会社にしたいのか，という考えを集めて文章化したものが当社の経営理念である。賃金だけでなく，仕事に「喜びと誇り」を持てること，「働いてよかった」という会社にしようとした。そこでまとめたものが「コダマ宣言」である。同時に新卒採用を開始した。新しい人材を入れて改革スピードを増していくためである。学生向け就職活動・就職情報サイトの「マイナビ」を利用して学生を集め，会社説明会を実施した。会社説明会では，経営理念を訴えて共感してくれる学生に入社してもらうことにした。最初の会社説明会には250名程度が参加した。リーマンショック後の就職氷河期だったので優秀な学生が多く，4名入社してもらった。その後も毎年，新卒を採用している。また，「元気朝礼」を始めた。これは毎朝，30分間程度，経営理念の「コダマ宣言」の暗唱，本の輪読，社員からの報告などを行うものである。さらに，「元気アップ委員会」，「めっき塾委員会」，「コダマ塾委員会」，「5Sの達人委員会」を発足させて，社員が自律的に学ぶ場を設定した。委員会の活動をもとに，めっきの作業プロセスを「加工指示書」という形で見える化して，ノウハウを蓄積できるようにした。「加工指示書」は常に改訂している。2009年以降からは，新工場を購入するなど躍進が続き，現在も業績は好調である。会

社規模は37名，売上は5億円までに達した。中期経営計画において経営ビジョンを「2018　日本一信頼されるメッキ屋になる」とし，2018年の売上を7億6,652万円，経常利益7,665万円，社員数53名，めっき技能士15名とするなどの目標を設定している。

(1) 株式会社コダマにおけるウェブサイト活用による技術のマーケティング

　大手取引先との仕事をやめて，機能メッキの分野に方向転換した当社は2001年にウェブサイトを立ち上げた。下請取引をやめた以上，新規顧客の開拓にはウェブサイトは重要な武器である。営業が3名しかいないので，ウェブサイトが営業の「切り込み隊長」である。

　もともと簡単なサイトは持っていたが，全く世間から反応はなかった。そこで，児玉専務を中心に本格的なウェブサイトの立ち上げを行うことにした。児玉専務はウェブサイトの専門知識を持っていなかったので，講習会に参加するなど独学で学んだ。サイトのデザイン，構成や見栄えなどを専門家に手伝ってもらうことはあったが，コンテンツについては専務がほとんど1人で手づくりしている。他社との差別化をするため，特徴を際立たせることにした。そこで当社が得意とするところを洗い出した。たとえばスズメッキ，ガラクロムメッキ，KODATECT（超耐食性無電解ニッケルメッキ）がある。そうしたメッキ技術をアピールするため，説明を分かり易く書き込むとともに，機能的な特徴をアピールすることにした。また，ウェブサイトでは，FAQ（よくある質問とその答え）を重視している。なぜなら，顧客は自分たちの課題や悩みに対応できる会社なのかどうかをFAQによって判断しているからである。そして，製品や加工法などの写真も数多く載せた。こうして本格的なサイトを立ち上げた後に，顧客からの反応はすぐにきた。毎日1本程度の問い合わせが来るようになった。現在は顧客などから当社ウェブサイトをよくほめられるという。

　技術面に加えて，当社の社員のアピールも大事な差別化のポイントである。サイトの各ページには必ず社員の顔を出すようにしている。また，経営理念，委員会活動の紹介，こだま新聞の掲載など，技術以外の当社のソフトな面も書

き込むことにしている。つまり技術とともにヒトも売り込む作戦である。児玉専務は、ウェブサイトは会社の入口としても営業手法としても決して軽視してはいけないと語る。SEO対策は本格的にはしてはいないものの、業界ごとに検索キーワードをチェックして、業界ごとのニーズを探りつつ重要なキーワードや内容を織り込むなどの対応を行っている。サイトの更新は必要に応じて適宜、行っている。たとえば、顧客から問合せがあった場合はその問答をすぐにFAQに追加するなどの迅速な対応をしている。

　こうした努力の結果、ウェブサイト活用の効果は大きいという。下請時代はせいぜい、取引先は大阪府内しかなかった。しかし、サイトを本格的に作り込んだ結果、全国に商圏が広がり、取引先は1,000社にまで増えた。そのうちの6〜7割はウェブサイト経由だという。取引先の場所は遠く北海道や岩手県まで及ぶ。

　なお、取引先納入製品の写真をウェブサイトに掲載する場合は、取引先に対して事前に了解を取っている。そして、自社技術が模倣されないような対策も採っている。具体的には企業秘密としてのノウハウは、他社にまねされないようなギリギリの限界までの記述に留めるようにしているとのことである。その点は児玉専務が技術と営業の分かる経営幹部の立場であることが幸いしている。ここまでならサイトで公開しても構わないという判断は経営的な判断を伴うため、担当者クラスでは難しいと児玉専務は指摘する。このように、当社では会社全体のことを理解する児玉専務が直接、サイトの構築と運営に携わっていることの意味は大きい。どこの範囲まで自社技術の説明をサイトで記述できるかというギリギリのラインが分かる経営幹部がタッチしているため、最適なサイトが構築、運営できている。

(2) 株式会社コダマのウェブサイトから分かること

　株式会社コダマのウェブサイトの事例からは次のような点が指摘できる。第1は、ウェブマーケティングは、中小企業が下請けを脱却して、新規顧客の拡大を図るための強力な武器となっていることである。潜在顧客から"探し当て

られる"戦略の有用性を示している。第2に技術のマーケティングという目的が果たされていることはいうまでもないが，コダマ株式会社の経営理念，各種の社内活動の紹介などヒトの側面も顧客に知ってもらうことが，顧客の信頼を得る上で大事であることである。この点はえてして忘れられがちではあるが，実は会社の信頼性を担保する上で重要な点である。第3に経営幹部が直接タッチしていることの大きなメリットである。技術的なアピールをする際に，自社技術の模倣や取引先の情報漏洩を防ぐためどこまで公開すべきかを直接に判断できるため，既述の「模倣リスク」と「顧客・取引先の情報を漏洩するリスク」を回避している。特に，B to B企業は取引先納入製品が主体のため，コンテンツとして使いにくいという欠点があるが，取引先への納入製品の写真については，事前に了解を取るという丹念な運営によって効果的なサイト構築が可能となっていることである。

以上のように，当社のウェブサイトはコンテンツの質，量などの面で，ものづくり系の中小企業のウェブサイトとしては群を抜くレベルの高さが感じられる。是非，ご覧になることをお奨めしたい。

6. まとめ

本章では，各種の研究結果と事例によって中小企業によるウェブサイト活用による技術のマーケティングの有効性，成功の条件，そして課題について述べた。ウェブマーケティングはまちがいなく中小企業にとって極めて期待できるマーケティング手法であるといえる。成功の条件として，自社技術や製品の明確な差別化を図ること，戦略目標・ビジョンを明確化すること，ITケイパビリティ，トップ・マネジメントのコミットメントなどがあげられる。すなわち，自社技術の他社による模倣や取引先情報の漏出といったリスクへの対応をトップ・マネジメントがコミットすることである。さらには，自社技術の説明困難性の問題から，コンテンツの分かりやすさも重要である。そして，より本質的な課題として，ウェブマーケティングは単に手段に過ぎず，最終的に大事

なことは，顧客の抱える問題を解決するための提案能力である。その入口としてのウェブサイトであることを忘れてはならない。

【注記】
(1) 本稿において技術のマーケティングとは，「技術を市場ニーズに適合させて，用途開発や製品・サービスの開発につなげ，新規顧客の開拓を行う活動」と定義する。
(2) B to BとはBusiness to Businessの略で，企業向けのビジネスのこと。
(3) 「ウェブサイト」と「ホームページ」という言葉が，我が国においてはしばしば同じものとして使われている。しかし，厳密な意味でいえばホームページとはウェブブラウザを起動した時に表示される画面ページのことをいうのであって，ウェブサイト全体のことではない。海外においてもウェブサイトという言葉が一般的である。(Wikipediaによる) したがって，本章においてはウェブサイトという言葉で統一する。
(4) 「手前みそ」で甚だ恐縮ではあるが，この論文（名取 2013）にて日本ベンチャー学会より日本ベンチャー学会清成忠男賞を受賞した。ご興味ある方は同学会ウェブサイト (http://www.venture-ac.ne.jp/) にて，全文を公開しているのでぜひ，ご一読願いたい。

【参考文献】
遠藤康浩（2013）「新規事業開発にホームページを活用し経営革新を実現した事例〜B to B市場におけるWebマーケティング〜」『企業診断ニュース』
岸眞理子・相原憲一（2004）『情報技術を活かす組織能力　ITケイパビリティの事例研究』中央経済社
北見幸一（2011）「B to Bマーケティングにおける企業ウェブサイト利用に関する予備的考察：B to B企業勤務者調査を中心に」『国際広報メディア・観光学ジャーナル』
経済産業省近畿経済産業局（2009）『平成20年度中小・ベンチャー企業における映像配信を活用した新たな販路開拓等支援策の検討に関する調査　中間報告』
島田達巳・遠山暁（2003）『情報技術と企業経営』学文社

商工中金（2008）『中小企業のIT活用に関する調査』
正田達夫・塚田真一（2002）「ウェブサイトの評価とインタラクティブ性」『新潟国際情報大学情報文化学部紀要5』
正田達夫・塚田真一（2002）「広告としてのウェブサイトとインタラクティブ性：企業ウェブサイトの現状と問題点」『新潟国際情報大学情報文化学部紀要6』
高幡泰（2005）「SEOと検索キーワード連動型広告」『神奈川大学商経論叢40（4）』
竹田陽子（2000）「自社情報開示の条件：製造業の取引ポータル・サイトの可能性」『ITME Discussion Paper No.55』
土井正（2004）「生産財マーケティングにおけるインターネットの活用〜中小製造業の事例から〜」『麗澤大学紀要　第79号』
土井正（2006）「インターネットにおける情報仲介ビジネス・モデルの研究〜生産財取引を中心に〜」『電気通信普及財団研究調査報告書　No.21』
中山健（2001）『中小企業のネットワーク戦略』同友館
名取隆（2013）「ウェブサイト活用による中小企業の技術マーケティング―潜在顧客から"探し当てられる"戦略の効果と課題―」『日本ベンチャー学会誌 Venture Review No.21』
野村総合研究所（2011）「インターネット経済調査報告書」『NRI 未来創発』
平本健太（2007）『情報システムと競争優位』白桃書房
松島桂樹『IT投資マネジメントの変革』白桃書房
吉崎浩二（2009）「中小規模企業におけるITケイパビリティの考察」『上武大学経営情報学部紀要第34号』
ローランド・ベルガーオートモーティブ・コンピタンス・センター（自動車グループ）（2008）『自動車部品産業　これから起こる7つの大潮流』日経BP社

技術経営組織からみた
イノベーション

1. はじめに

　技術経営における典型的な議論として「死の谷」や「ダーウィンの海」がある。これらは発明からイノベーション，ビジネスへの連結の不連続性と困難性を説いたもので，技術開発から事業創造までの長い道のりにおいて，死の谷に落ちることなく，ダーウィンの海であれば大海原を泳ぎ切り，製品開発プロセスを完遂する際の困難を説いたものであった（児玉 2003）。しかし，こうした問題が表面化するまで，互いに向き合った岸同士では，そこで実施されるマネジメントのみならず，母体である組織の特徴の違いなどを深く検討することはなかった。そして，死の谷やダーウィンの海を架橋するマネジメントのありかたについては，社会のMOTに対する意識の高まりとともに，その重要性が認識されてきたかもしれないが，こうしたマネジメントを担う組織のあり方については，あまり明確な議論がなされていない。

　Pffefer（2003）は，人を中心に据えた経営戦略は，組織の成功の原動力となり，利益獲得のチャンスを多く生み出すと説明している。そこで技術戦略についても同様に，人を中心に据えた戦略展開とそれを遂行するための技術経営組織のあり方が追究される必要があろう。そこでこの章では，こうした技術開発における組織のありかたに主眼を置き，これまでの技術開発やイノベーションに関する諸理論を通して「技術開発を効果的にする組織」を捉えてみたい。

2. 経営資源の観点から捉えた技術経営組織

　Penrose（1959）は，企業を「経営資源の束」と捉える考え方を提案し，そ

の後,多くの研究者によって経営資源の諸性質とそれに関わるマネジメントのありかたなどが広く議論されることとなった(Rumelt 1984; Wernerfelt 1984; Barney 1986ほか)。しかし実際の企業経営における経営資源の機能的役割は,ほぼ一元的であり,用途がある程度限定されている。たとえば,技術開発に携わる人材は,おおよそ,そのことでしか活用しないことを想定してしまうことが多い。そのため,マネジメント領域における実証研究においても,経営資源の多面的な機能特性に関する議論などはあまり見当たらないのである[1]。すなわち組織は,一度設定されてしまった役割を遂行し続ける存在として理論的に定式化されている場合が多いといえる。

　本章では技術経営組織を製品やサービスに関わる研究や開発を実践する組織と定義しておく。こうした技術経営組織の諸特性は,広義の技術を取り扱わない組織との間でBarnard (1938) による「二人またはそれ以上の意識的に調整された諸活動または諸力のシステム」という範囲を超越するものではないが,諸力の源泉である経営資源の多面性の発見やその用途の開発・発掘といった観点がより重視される組織といえよう。このとき技術者や研究者という人的な経営資源の機能的特性の中に,「技術の論理」と「市場の論理」といった相容れない2つの論理を処理する能力が同時に組み込まれていれば,従来は2人の人材で2つの処理を行っていたことが,結果的には1人の思考による論理的調整で事足りることとなる。当然,そこにはSimon (1947) が経営行動における合理性の議論の中で注意深く指摘しているように,技術経営組織においても意思決定の問題として,人間の思考がもたらす知識の多様性や限界が,技術や経営にかかわる代替的選択肢へ与える影響について考慮されなくてはならない。さらに,2つの論理を処理するという理想は,現実的なマネジメントを想定すると決して容易ではなく,マネジメントにかかるコストや意思決定における効率性の観点が十分に検討されなくてはならないことはいうまでもない。

3. イノベーションにおける2つの主要な論理から捉えた技術経営組織

　技術経営の議論を展開する際に，大きく「市場」と「技術」に分けて議論することの重要性が強調されてきた（Dosi 1982; Freeman, Clark and Soete 1982; Walsh 1984; Coombs, Saviotti and Walsh 1987）。こうした議論の中心に存在するのが，いわゆる，イノベーションにおけるディマンド・プル（pull）およびテクノロジー・プッシュ（push）論争であり，今日まで継続して議論がなされ多くの実証研究が繰り返されている（van den Ende and Dolfsma 2005; Di Stefano, Gambardella and Verona 2012 ほか）。

　ディマンド・プルとは，いわば「顧客の要求・要望を市場から引き出す」ことであり，需要側の論理を起点とした技術開発戦略である。一方，テクノロジー・プッシュとは，「自らの技術（製品）を市場へ押し出す（押し付ける）」ことであり，供給側の論理を起点とした技術開発戦略を指す。両者は極端な戦略を表しているため，これだけでどちらの戦略が優れているかなどと議論することに積極的な意味を見出しづらい。そこでディマンド・プルとテクノロジー・プッシュを両端とするいわば「物差し」を用いて，「どちら側に重点を置いた技術戦略なのか」という観点で技術戦略のスタンスを推し量ると良いだろう。

　またイノベーションにおける実証研究の比較を通じて Rothwell（1977）および Rothwell and Walsh（1979）は，マーケットからのニーズの理解とそれを実現するための効果的な組織的コミュニケーションおよび協働関係の2つの要素が経営の成功に大きく関わっていることを見出している。すなわち，ここで得られる含意は，ディマンド・プルといったマーケットからの企業の外的要因と，組織的コミュニケーションおよび協働関係といった企業の内的要因に対するマネジメントのありかたの対比の重要性である。そして両者の論理を，どのようにすり合わせていくべきかということが，今日の技術経営における重要な課題の1つといえる。技術経営の視点でこのディマンド・プルを読み解くと，技術経営組織においてイノベーションに必要な情報の源泉を「市場」に絞り込

んでしまうことによって，環境の変化に対して組織の変化が追い付かない場合などは組織慣性（Hannan and Freeman 1984; Pfeffer 1997）により，組織の「市場」に対する認識を容易に変更することが困難となってしまうことがある。しかし，セグメンテーションやポジショニング，ターゲッティングなどといったマーケティングの基本ツールを効果的に活用すれば，市場に軸足を置いた技術開発を実現することも可能となろう。優れた技術が市場で敗北した事例は枚挙に暇が無く（Glass 1999; Hiltzik 1999; Finkelstein 2003），技術的に優れていてもビジネスとして成功が保証されているわけではない。こうした事実は，ビジネスの実践においては，ある種「常識」となっているにもかかわらず，未だに多くの技術開発の現場では，依然として市場や顧客という視点が日常的に欠けている状況が存在している。そこで，テクノロジー・プッシュにディマンド・プル的な観点を加えた技術開発を遂行することによって，バランスの良い技術経営組織のマネジメントが実現することが求められる。

　また「技術の論理」と「市場の論理」のすり合わせにおいてはディマンド・プルの観点ばかりでなく，製品やサービスを展開する企業における組織的コミュニケーションおよび協働関係といった内的要因も重要となる。この内的要因とは，暗にテクノロジー・プッシュを指しており，その本質はまさに技術経営組織の論理にほかならない。この「技術経営組織の論理」とは，広い意味でビジネスの論理を包含し，ある種の「組織の都合」といった定義で用いることにしよう。この場合，「組織の都合」が優先される世界では，市場の論理やそれに付随するビジネスの論理は無視されることもしばしばで，往々にして組織内で発生したイノベーションの潜在性に期待を寄せた技術開発が展開されてしまうことになる。さらに期待効用最大化説というものに従うと，このような「組織の都合」によって発生した技術やサービスの開発から利益を得るには，開発されたシーズを他へ供与するよりも専ら自ら活用したほうが良いことになる（von Hippel 1988）。この考え方に基づくと，既存の多くの技術経営組織で実践されているように，組織的に効率の良い開発手法の探求や，技術的な挑戦課題に取り組んでいくための組織内コミュニケーションなどを発達させるイン

センティブが生じる。当然，絶対的に効率の良い技術開発プロセスなどというものは現実的には存在しないにせよ，手段的基準や経済的基準といった考えかたによって評価される技術的な合理性（Thompson 1967）に基づいて，組織の論理の方向性が決定されていく。こうした基準は組織として明確に作り上げておく必要があり，長年の勘に頼るばかりではなく，オペレーションズ・リサーチなどの手法に基づいて，組織のプロセスを整備することのできる研究者や技術者も求められよう。

4. 時間軸から捉えた技術経営組織

　産業やビジネス，技術，組織などで用いられる，様々なライフサイクル曲線において，成長，発展，成熟，衰退の各フェイズでは，各々，マネジメントのありかたが異なっている。たとえばDaft（2001）は，組織のライフサイクルを「起業者段階」,「共同体段階」,「公式化段階」,「精巧化段階」の4つに分類し，その機能的特徴を説明している。まず，起業者段階の組織とは，非公式かつ非官僚主義的であり，コントロールは経営者の個人的指揮のもとに行われ，創造的な新製品やサービスをもたらす段階である。続く共同体段階では，強力なリーダーシップの下で明確な目標と方向性を策定しはじめ，権限の階層構造，職務の割り当てなど当面の分業を確立するが，おおむね非公式なことが多く，従業員が共同体の一員であると感じはじめた段階とされている。また公式化段階では，明確なルールが確立され，組織内の公式化が進み，トップマネジメントと現場の間を架橋する仕組みが求められてくる段階である。さらに精巧化段階では，官僚的形式主義が限界に達し，公式的なシステムが単純化され，部門横断的なプロジェクトなどを通じて小企業的な価値観と発想を維持しようと試みるなど，組織のイノベーションが求められる段階となっている。こうした各段階の特徴をみていくと，組織に配置される人材は各々のフェイズにおいて異なる能力が要求され，多様な能力を有する人材をフェイズごとに準備しなくてはならないことが含意されている。

図表1　組織のライフサイクル

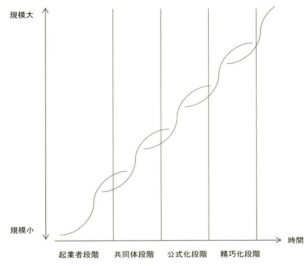

（出所）Quin and Cameron（1983）より加筆修正

　また組織のライフサイクルを通して技術のライフサイクルをみた場合，ライフサイクルの初期では組織の有機的な柔軟性が機能することでイノベーションがもたらされやすい。一方，ライフサイクルの後期では，官僚主義的になりがちで組織の機械的側面（Burns and Stalker 1961）が強く強調されることから，技術開発においては特に，思考や行動様式が類似化する組織内同形化（Sakakibara, Westney and Kosaka 1996）が生じ，イノベーションの発生頻度が低くなる。この組織内同形化とは，互いにユニークなはずの個人が，一定の組織の文脈のなかで活動する過程で，相互に思考や行動様式が類似化していくことで，イノベーションを阻害する要因と説明されている。しかし一方で組織は，従業員から一定のコミットメントを引き出す必要もあり，思考や行動様式の類似化がすべて否定されるわけでもない。しかし時間的経過とそれにともなって変化する組織が，イノベーションの促進因子や抑制因子として機能するという事実は揺るがし難い。そしてこの組織の変化は，同時にそこに配置される人材

の変化や成長をもたらす。こうした人材の変化や成長は，既存の人材配置のありかたに変化を与えることによって組織を変化させ，これまでとは異なった組織的機能を実現することや，新たな人材の登用，既存の人材の組み合わせの工夫などによって実現する。

　ここでたとえば，技術のライフサイクルの初期において革新的技術開発を担ってきた研究者や技術者が，後期段階の製造や生産技術，ロジスティック・オペレーションまで同様のパフォーマンスを発揮することができたとしたらどうだろう。そして，その研究者や技術者が，市場と技術の両面からも十分成果を上げうる人材であるとしたら，その組織的成果は計り知れない。

　もう1つ検討すべきビジネスのライフサイクル・モデルとして，Abernathy and Utterback（1978）によるイノベーションのダイナミクス・モデルがある。このモデルは，時間軸を「流動期」，「移行期」，「固定期」といった3つの時期に分類しており，各々の時期における重要な特性が整理されている。

　まず流動期では，頻繁に生じる主要な製品変化にさらされながら，技術的な不確実性が高いため焦点が絞れないため，柔軟な調整や作業の再構築，限定された階層組織，高度な横連携を特徴とする有機的組織が採用され，製品のイノベーション（プロダクト・イノベーション）に注力している。やがてドミナントデザイン（dominant design）という市場の支持を勝ち取った製品仕様が現れると移行期へ移り変わる。この移行期では，ドミナントデザインの出現によって特定の製品仕様に焦点が絞られ，需要の増加に伴って製品を効率的に量産するためのプロセス・イノベーションが求められるようになるため，作業の効率性やコストの最小化が重要視される機械的組織が採用されるようになる。また固定期は，技術開発における最終段階と位置付けられており，組織の効率性が徹底的に追求された結果，圧倒的な標準化と統一化が実現し，イノベーションの創出とは全く無縁な組織となってしまった状態を指している。このようにイノベーションや組織の特性が，各時期において全く異なっている。またプロダクト・イノベーションとプロセス・イノベーションの各時期で，その特性やそれを担う組織の機能が異なっていることから，当然，そこに配置される

図表2　イノベーションのダイナミクス

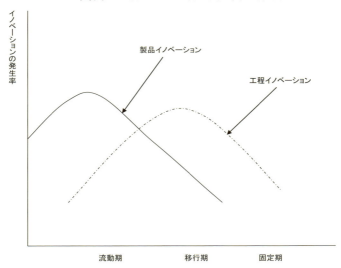

（出所）Utterback（1994）より加筆修正

最適な人材像もおのずと異なることが十分想定される。

　こうした一連の時間軸による組織の変化は，1つの組織の中で生じるばかりか，時期によっては複数の変化が1つの組織内で同時に進行する場合があるため，複数の変化間の調整が必要となるわけである。先の組織内同形化の議論にもあるように，組織は戦略，組織アイデンティティ，組織ルーティーンなどの多くを皆で共有しているという意味において決して多重人格ではありえず，組織が持つ一様性や一貫性といった性質こそが組織を活用する強みとなっているはずである。しかしイノベーションは，多様性や冗長性といった中で生じやすいという性質を有するため，技術経営組織は常に様々な矛盾を内部に抱えながら時間を進めていかなくてはならないのである。また，流動期と移行期の中間的な段階において，各々の組織的機能を実現する人材は，有機的組織では先進的な技術領域におけるパイオニアであることが求められ，機械的組織においてはドミナントデザインの出現により標準化された製品におけるイノベーション

が要求されてくる。すなわち流動期から移行期へと推移する場合，両時期を担う人材は同一かもしくは異なる場合の2通りが存在する。ここで人材が同一とした場合，その者は2つの異なる機能的役割を担うこととなる。

　Minzberg（1989）によると，両時期を担うマネジャーは，流動期においてはリーダーシップを優先させ，移行期に入ってからは実務レベルのエンジニアに直接のパイプを持たず連絡担当者（liaison representatives）（Clark and Fujimoto 1991）を通じて製品開発活動を調整することが有効となる。このように各々の時期のマネジメントのあり方は異質であるため，円滑に流動期から移行期へ移行することは大変困難であることが想定される。Ishida（2006）は，両時期を架橋し両方の機能を担う人材をマルチ・パフォーマー（multi performer）と称し，技術経営組織内の流動期と移行期のような半ば不連続なプロセス間を，時間軸の中で円滑に移行させる重要な役割を果たす組織的機能であると主張している。

5. 情報から捉えた技術経営組織

　技術開発は，単純に製品やサービスの生産活動として捉えていく場合と，情報の産出活動と捉える場合の両方が存在するといえるかもしれない。技術開発において産出される情報の公共財的性質についてArrow（1962）は，技術情報の持つ占有不可能性を指摘している。すなわち技術開発においては，他組織の技術的な取り組みに「ただ乗り（free rider）」しようとするインセンティブが常に存在しており，多くの技術経営組織から技術や研究に関連する情報がスピルオーバー（漏れ出し）していることも現実に存在していることも少なくない。そのために特許制度などの知的財産保護制度の整備は不可欠とならざるを得ない。さらに技術情報を誰もが活用可能な公共財だと捉える考えかたは，単にただ乗りを放置させてしまうだけなので，研究者や技術者の更なるイノベーションを助長するためのモティベーションの低下を招いてしまう。そこで専有性を確保するための実効性の高い施策を講じなくてはならない。よって技術の

価値を理解し，その専有性を守りつつ，効果的な企業活動に結び付けることを可能にする企業法務従事者や弁理士などの機能が，今日の技術経営組織に組み込まれていることが強く求められている．

また逆に，他の技術経営組織からスピルオーバーしてきた情報を受信し活用していこうとする立場からは，Allen（1979）の主張する，企業と外部環境との間で技術開発に関連した情報の受発信において重要な役割を果たす人材であるゲートキーパー（gate keeper）の存在についても見逃すことはできない．さらに，これからのゲートキーパー概念は，Harada（2003）によるトランスフォーマーといった，情報を咀嚼して組織内に浸透させていく機能を含め，技術的な情報のみならずビジネスよりの情報についても同時両立的に解釈し受発信していくモデルとして拡張される必要がある．こうした機能を遂行していくためには，ビジネスと技術の複合的な視点や知識を有した人材が技術経営組織に求められる．

加えて情報の観点からは，イノベーションの普及に関する議論についても検討しておく必要がある．イノベーション普及の担い手であるイノベーションの採用者（Rogers 1983）とは，新たな技術的情報を受信し自らの技術的実践に応用していこうとする技術者および新製品を購買する消費者がそれに相当する．すなわちイノベーションの普及については技術開発と市場の両面で，革新的採用者（イノベーター）から採用遅滞者（ラガート）までの普及段階を考慮していかなくてはならない．技術経営組織における技術の視点からは，自らがイノベーターとして新技術の採用に当たる場合と，自ら開発した新技術が外部普及していく場合の2通りのパターンが存在している．自らがイノベーターとして採用に当たる場合には，普及過程の段階を見定めながらイノベーション採否の組織的意思決定が求められよう．逆に，自らが開発した新技術が外部へ普及していくことを考慮する場合，普及の段階を見定めるとともに基本特許のようにコアとなる知的財産権を確保するための戦略を策定していかなくてはならない．

一方，新製品や生産財を購入する消費者の視点からは，市場における普及の

程度を評価することによって，各段階の採用者の特性を踏まえたマーケティング戦略の展開が必要となる。また普及の際，「リードユーザー（lead user）」（von Hippel 1988）ともいうべき，ある種の「あたらし物好き」などを含めた「先進的なイノベーター」からの情報のフィードバックが欠かせない。しかし，ここでフィードバックされる情報は，製品やサービスに対してそれなりに有益なものであるといえるが，多くは決して明確とはいえない半ば抽象的な要望であることが多い（Arker 1984）。そこでこうした情報を具体的な技術へ結び付けていくためには，得られる情報を市場と技術の両面から的確に把握するプロセスが必要となる。従来，このプロセスは，営業や技術部門といった異なる機能を有する組織内連携をマネジメントすることによって実現してきたといえるが，両者を架橋する効果的な人的資源が技術経営組織に存在すれば，組織的なプロセスの中に潜むリスクや不効率性といったコストを回避する可能性も期待できよう。

6. オープンイノベーションから捉えた技術経営組織

これまでは，どちらかというと単一の技術経営組織内におけるイノベーションを説明してきた。しかし今日，技術開発を外部の諸組織との連携なしに進めることは困難なことが多い。そこで，オープンイノベーションの考え方に基づいた技術開発が提唱されるようになってきた。オープンイノベーションとは，企業の内部と外部の知識を有機的に結合させ，新たな価値を創造することと定義される。Chesbrough（2003）は，「企業内に優秀な人材は必ずしも必要ない」，「自社の研究開発が他社の事業に役立つこともある」，「利益を得るためには必ずしも基礎研究から取り組む必要はない」，「社内外のアイディアを最も有効に活用できた企業が競争に打ち勝つ」などといった強烈なメッセージによって，オープンイノベーションの重要性を指摘してきた。

たとえば，技術上のアイディアが自社の研究プロセスの中で生まれても，開発が進行するにつれて外部へ放出されることもあり，ある特定の技術開発に携

図表3　オープンイノベーション

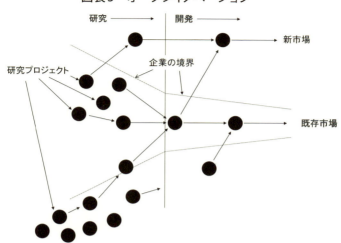

（出所）Chesbrough（2003）より加筆修正

わった技術者がスピンアウトし外部の子会社へと異動させるケースや，外部からライセンスを取得したり，研究者集団を擁する企業や組織を買収したりするケースなどがその代表例である。一方で，外部で形成された技術上のアイディアが，企業内部に取り込まれることもある。オープンイノベーションで説明される技術上のアイディアは，研究プロジェクト（research project）と呼ばれ，アイディアレベルから始まり，プロジェクトの経過に従って次第に商品に近いものへとアウトプットを変化させていくものとして説明されている。この研究プロジェクトは，アイディア，テクノロジー，ノウハウ，といったシーズや，それを有する技術者，研究者といったリソースの総体と定義される。

　こうしたオープンイノベーションが成果を収めるためには，オープンイノベーションを実施する技術経営組織に明確な戦略が備わっていなくてはならない。技術経営組織が外部の研究プロジェクトを採用する際に，自らの技術経営組織の戦略に照らしてシーズを選択し，活用していく姿勢が重要なのである。こうしたことは至極当然のこととして受け取られがちであるが，実は，組織に

図表4　オープンイノベーションにおける技術と戦略の統合

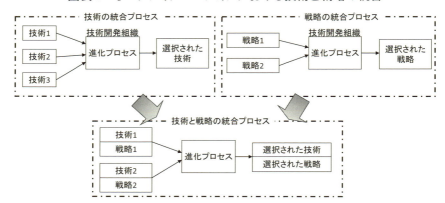

明確な戦略が存在していない場合，外部の研究プロジェクトに関わるイノベーターの戦略に従わざるを得ない状況に追い込まれる可能性がある。しかし，こうした状況は，逆の見方をすると，外部の有力なシーズと明確な戦略性を持ったベンチャー企業家が何らかの技術経営組織との提携を試みる場合，ベンチャー企業家の戦略が主導権を握り技術経営組織がそれに従っていこうとすると，ベンチャー企業家の構想がオープン・イノベーターの資源を活用しながら実現することとなる。実際，いくつかの事例を通じてこうした事実が実証されている（Tabira, Ishida, Gemba and Abe 2008）。

7. おわりに

本章では，大きく「市場」，「技術」，「時間」，「情報」，「オープンイノベーション」といった側面で，規範的に技術経営組織からみたイノベーションの要点を解説した。

今日，技術開発を中心とした組織の中で，いわゆるジェネラリストの役割が小さくなりつつある今日，仕事の個別性や専門性に対する評価はかつてより高くなってきている。それゆえに研究開発コンソーシアムや技術アライアンス，

産学連携など，個々の技術経営組織の強みを活かした組織間関係の必要性はますます重要となっている。

　こうした社会的背景の中においてもMOTの将来は決して楽観視できるものではないが，本章で示すような観点で技術経営組織をマネジメントすることが可能となり，技術やサービス開発を基盤とする企業の成果が向上すれば，MOTという方法論の可能性はさらに高まっていくものと確信する。

【注記】
(1) 近年資源の多様性についての研究も散見されるようになり福嶋・権（2009）などは優れた論考の1つといえよう。

【参考文献】
Abernathy, W. J. and Utterback, J. M. (1978) "Patterns of Industrial Innovation," *Technology Review*, Vol.80, No.7.
Allen, T.J. (1979) *Managing the Flow of Technology*, MA, MIT Press.
Arker, D.A. (1984) *Strategic Market Management*, John Wiley & Sons, Inc.
Arrow, K.J. (1962) "Economic Welfare and the Allocation of Resources for Invention," National Bureau of Economic Research Ed., *The Rate and Direction of Inventive Activity*, Princeton University Press.
Barnard, C.I. (1938) *The Functions of the Executive*, Harvard University Press.
Barney, J.B. (2002) *Gaining and Sustaining Competitive Advantage*, Second Edition, Pearson Education, Inc.
Burns, T. and Stalker, G. (1961) *The Management of Innovation*, Tavistock Publications.
Chesbrough, H.W. (2003) *OPEN INNOVATION*, Harvard Business School Press.
Clark, K.B. and Fujimoto, T. (1991) *Product Development Performance-Strategy, Organization, and Management in the World Auto Industry*, Harvard Business School Press.
Coombs, R., Sviotti, P. and Walsh, V. (1987) *Economics and Technological Change*, The Macmillan Publishers Limited.

Daft, R.L. (2001) *Essentials of Organization Theory & Design*, 2nd Edition, South-Western College Publishing.

Di Stefano G., Gambardella A., Verona G. (2012) "Technology push and demand pull perspectives in innovation studies: Current findings and future research directions," *Research Policy*, Vol.41, No.8.

Dosi, J. (1982) "Technological Paradigms and Technological Trajectories," *Research Policy*, Vol.11.

Finkelstein, S. (2003) *Why Smart Executives Fail*, Penguin Group, Inc.

Freeman, C., Clark, J. and Soete, L. (1982) *Unemployment and Technical Innovation*, Francis Printer.

Glass, R. (1999) *Computing Calamities: Lessons Learned from Products, Projects, and Companies That Failed*, Prentice Hall Published.

Hannan, M.T. and Freeman, J. (1984) "Structural Inertia and Organizational Change," *American Sociological Review*, Vol.49, No.2.

Harada, T. (2003) "Three Steps in Knowledge Communication: The Emergence of Knowledge Transformers," *Research Policy*, Vol.32, Issue 10.

Herstatt, C. and Lettl, C. (2004) "Management of 'technology push' development projects," *International Journal of Technology Management*, Vol.27, No.2/3.

Hiltzik, M. (1999) *Dealers of Lightning*, Elaine Markson Literary Agency, Inc.

Ishida, S. (2006) "Patent production Process and the Multi-performers," *Economic Journal of Hokkaido University*, Vol.35.

Mintzberg, H. (1989) *Mintzberg on Management*, The Free Press.

Penrose, E.T. (1959) *The Theory of the Growth of the Firm*, Oxford, Basil Blackwell.

Pfeffer, J. (1997) *New Directions for Organization Theory: Problems and Prospects*, Oxford University Press.

Pffefer, J. (1998) *The Human Equation*, Harvard Business School Press.

Quinn, R. and Cameron, K. (1983) "Organizational Life and Shifting Criteria of Effectiveness: Some Preliminary Evidence," *Management Science*, Vol.29.

Rogers, E.M. (1983) *Diffusion of Innovations 3rd Edition*, Free Press.

Rothwell, R. (1977) "The characteristics of successful innovators and technically progressive firms (with some comments on innovation research), *R&D management*, Vol.7, No.3

Rothwell, R. and Walsh, V. (1979) "Regulation and Innovation in the Chemical Indus-

try," *OECD*.
Rumelt, R. (1984) "Towards a strategic theory of the firm", in Lamb, R., (Ed.), *Competitive Strategic Management*, Prentice-Hall.
Simon, H.A. (1947) *Administrative Behavior*, The Free Press.
Tabira, Y., Ishida, S., Gemba, K., and Abe, A. (2008) "Open Innovator management on Product Development: from the Perspective of Technology and Strategy Integration as an Evolutionary Process," *The R&D Management Coference 2008 Proceedings*, RADMA.
Thompson, J.D. (1967) *Organization in Action*, McGraw-Hill.
Utterback, J.M. (1994) *Mastering the Dynamics of Innovation*, Harvard Business School Press.
van den Ende, J. and Dolfsma, W. (2005) "Technology-push, demand-pull and the shaping of technological paradigms-Patterns in the development of computing technology," *Journal of Evolutionary Economics*, Vol.15, No.1.
von Hippel, E.A. (1988) *The Sources of Innovation*, Oxford University Press.
Walsh, V. (1984) "Invention and innovation in the chemical industry: Demand-pull or discovery-push?," *Research Policy*, Vol.13.
Wernerfelt, B. (1984) "A Resource-Based View of the Firm," *Strategic Management Journal*, Vol.5, No.2.
Westney, E., Sakakibara, K. and Kosaka, M. (1996) "International Product Development of Japanese Firms: Product Group Coherence and Internal Isomorphism," in Toshihiro Nishiguchi, ed., *Managing Product Development*, Oxford University Press.
福嶋路・権奇哲(2009)「資源創出理論序説」『VENTURE REVIEW』No.14.
児玉文雄(2003)「大学院教育としてのMOT」『技術と経済』12月号

第5章 中小企業に問われるアントレプレナーシップ

1. はじめに

　2014年7月9日曇り，蒸し暑い水曜日の夕方，韓国ソウルのカンナム。世界中小企業協会ICSB（International Council for Small Business）の現会長，次期会長および協会本部長と打ち合わせのテーブルに筆者はいた。ICSBの国際本部はアメリカの首都ワシントンDCのホワイトハウスの隣に所在するジョージワシントン大学経営学部内に所在する。大統領官庁の側に位置することもあって，自然にICSBはアメリカ合衆国の産業経済政策について多方面から影響力を持ち，またアメリカ政府の次期政策について国内外の中小企業に情報を発信している。アメリカの大企業は，その殆どが多国籍企業として日本での企業活動を含むグローバル展開をしているため，アメリカの経済は大企業によって成立されているように考えられがちであるが，実は日本と同様，アメリカ国内の大多数の企業は中小企業である。とくに国内雇用における中小企業の役割は絶対的であり，シリコンバレーを筆頭として多様な中小企業が続々と生まれ，成長と消滅を繰り返しながらビジネス生態系の循環をささえている。アメリカにとって中小企業の位相の高さは他国の追従を許さないものといえる。したがって，中小企業協会の本部を大統領官庁から物理的に近いところに位置させることで常に緊密な関係を構築してきていることは当然といえる。

　話頭は秋にソウルで開催される国際学術大会についての意見共有であったが，議論が進むにつれ，自然にアメリカ国内の中小企業の状況と，政府の今後の成長戦略について話題が移られて行った。ここで，IT革命・ベンチャーブームが本格化した1990年代中盤から今日にかけての20年間，アメリカ政府の国家レベルでの成長戦略について核心を突く内容が協会本部長より伝えられた。

第5章　中小企業に問われるアントレプレナーシップ　69

「Windows95が登場し，またインターネットの急激な普及の中で，アメリカは大企業の物量攻勢的スタンスを取り大企業主導のイノベーションを主力にしてきた。1980年代に国内製造業が日本との競争に敗れ再起不能のレベルまで傾いていくトラウマの後，90年代のITドリブン・イノベーションはアメリカの国際競争力を向上させ，再び世界経済の主導権を取り戻してくれた。そしてイノベーション第1主義の看板を前にして大企業が世界各地に展開していくと，確かに予想通りその企業は収益が拡大し，成長を持続した。しかしである。ホワイトハウスがここ20年のアメリカンイノベーションを冷静に振り返ってみると次の結果に気付くようになった。イノベーションをリードするアメリカの企業がグローバル展開すれば，するほど，仕事・雇用はどんどん海外に出て行ったのである。アップルがイノベーションを起こせば起こすほど，実際仕事が増えていたのは中国，日本，台湾，韓国であり，肝心な「我が国」国民がすぐ働ける仕事場は全く増えてくれなかった。今，アメリカの思考が再び変わっている。イノベーションってそんなに素晴らしいものか。イノベーションって本当に国民に役立っているのか。アメリカのイノベーションは他国を肥やすか，或いは世界を救うためなのか。ハリウッド映画のヒーロー役ではあるまいし，きわめて滑稽な結果だ。」

結論はこうである。ハイテク大企業の華麗なるグローバルイノベーションより先に，国内雇用の機会を豊かにすることが重要であり，ここにはまず国内各地の中小企業の競争力強化，そしてそれより更に肝心なことは絶対多数の中小企業が米国民に新しい仕事場，魅力的な仕事場を続けて提供することであるという。ここでアメリカの答えは「起業」「創業」「アントレプレナーシップ」であった。筆者はここで質問を投げかけた。

「ICSBで政府と今後促したい中小企業アントレプレナーシップとは，シリコンバレーのようなモデルの立ち上げを意味するか」
　すると直ちに返せられた協会本部長の答えは明快であった。

「ノー！」

「では？」

「アメリカ全国各地既存の中小企業が自ら変革し，起業するようにイニシアチブを取らせるべきと主張している。アントレプレナーシップ主役の第1波は既存中小企業。これから既存プレイヤーが起業，創業出来ないと自然に淘汰し，消滅していく。駄目な事業は仕方ない。その空き地を新しい起業でどんどん埋めていく。アントレプレナーシップは他ならぬ，国民に職場を提供するWinnerになるための自己革新である。只今，そしてこれからのアメリカには大企業主導のイノベーションより，アントレプレナーシップを実行する地元の中小企業が切実に必要である。」

本章ではアントレプレナーシップをテーマに日本の中小企業の今後ついて議論する。今日の多国籍大企業はその発祥地や国籍が無意味になるほど，地球上のあらゆる地域で人材を雇い現地化を行っている。その目標は世界中の人材と資源を求めてのグローバル事業展開の遂行である。その最中で多国籍大企業が遭遇する組織経営問題の複雑性は急激に増し，抱えている課題と問題意識は企業ごとに高度に特化される場合が多く一般化は至極難しい。しかしながら，相対的に規模が小さく，国内を中心に限られた地域・市場セグメントで事業展開に取り掛かる中小企業の特性は国や業界を問わず抱えている問題意識が類似している。とくに製造技術を含む限られた企業資源と資本を効率的に活用し，リスクの少ない投資決定を行い，確実な事業成長を実現できないと直ちに企業存続が脅かされる中小企業経営の本質は日本とアメリカを問わず，世界どこの地域でも変わらない。したがって，アメリカの中小企業協会が自国政府と何を共感し，今日何を目指しているかについて「生の声」を参照してみることは意義がある。筆者の見解も全く同様である。要するに，日本の中小企業に，今，求められているのは正にアントレプレナーシップである。

次の節では，まずアントレプレナーシップの概念について説明をし，続く節では技術経営をアントレプレナーシップと融合させての再考察を行う。さら

に，本論では中小企業の環境と条件の急激な変化の中，業界の既存思考枠の転換が求められていることを確認しながら，新たに要求されている戦略的思考枠，パラダイムを提供するいくつかのフレームワークを提示する。そして，そのフレームワークを具体化できる応用メソッドも提案し，最後に今日本の中小企業に問われているものは何かについて再び認識共有を試みることにする。

2. アントレプレナーシップとは

　起業家精神，または企業家精神という用語で経済学と経営学を筆頭に社会科学分野では既に定着している概念である。アントレプレナーシップそのものは，起業家や企業家によって具体化されるあらゆる経済活動のプロセスとプロダクトを称し，時代と地域，状況によって無数の多様性が生まれてくることが必然的であるため，一般化して定義することが極めて難しい。さらにアントレプレナーシップの定義と今日にまでの研究すべてについて議論するには本書の紙面があまりにも限られている。18世紀中盤のフランスでリシャー・カンティヨンによって始めてその基礎概念が言及されてから，19世紀前半のイギリスでジャン・バプティスト・セイによって再度取り上げられ，20世紀に入ってヨーゼフ・シュンペーターと，その後数え切れないほど多くの研究者による議論が続けられている。そして，本章でもその本質についての再考察を試みているのである。まずはアントレプレナーシップの主役であるアントレプレナーについて読者の知識を換起してみよう。

　宮本・加護野の『企業家学のすすめ』(2014)ではアントレプレナーシップを実行するアントレプレナーについて国内研究者による最新研究が紹介されている。とくに，導入部では概念定義について議論が展開されている第一部のねらいがまとめられていて，橘川武郎はアントレプレナーという用語における起業家と企業家の概念的区分を明示している。前節で生々しく紹介したアメリカ現況報告の正しい理解のためにも2つの概念の差について再確認しながらアントレプレナーシップを議論する必要がある。「起」業家精神は漢字の意味とお

り，新事業，新組織を起こすことで価値創出と獲得に取り掛かる経営活動，そして「企」業家精神とは新旧事業・新旧組織を問わず，同様の目的達成を試みる経営活動である。したがって，前者で扱われる起業家がある企業を創設し，新しい事業を始めた人物に限られるのに対して，後者の企業家は概念的幅がより広くなり，前者を含める議論を伴うことになる。要するに，企業家とはイノベーションを遂行，実現する人物と定義することが可能である。

　欧米の価値観と哲学を前提とする国内のイノベーション論に問題意識を抱き，小笠原は「日本型イノベーション」(2009) を唱えている。そして，欧米におけるイノベーション議論の変遷を辿りながら，ヨーゼフ・シュンペーター (1993) の新結合の遂行というアントレプレナーの役割概念において，既存秩序や仕組みを否定するところに企業家活動の動機をみるアプローチは日本的思考体系とはかみ合わないことを指摘している。すなわち欧米的「革新」志向と日本的「刷新」志向の異質性が議論されているのである。しかしながら，シュンペーターを筆頭に欧米の研究者が既存のものを変革させ，新しい仕組みと仕掛けを創出するアプローチだけをアントレプレナーシップとみているわけではない。

　たとえば，イスラエル・カーズナーが議論した企業家像（1973, 1985）は，極めて競争的な市場変遷プロセスの中から発生する不確実性を堪えて，不完全な情報を基に状況に機敏に対応しながら新たな知識とケイパビリティー（能力）を獲得し，既存体制に改善を加えられる人物を描いている。企業家が活躍し，創造する市場という視点から言い換えると，シュンペーターの企業家は既存の均衡が崩され，新しい均衡の構築が必要とされるプロセスの導出に焦点が置かれているが，カーズナーは既存市場の中で企業家によって発見された不均衡要素が修正と改善を加えられ，均衡状態に持ち込まれる過程に注目しているのである。小笠原が一般化した欧米型イノベーションは「入口での意図的非連続」を基盤とする革新を必須としているという視点の例外として，カーズナーの企業家論は連続性を重視しながら出口での非連続を期待する刷新重視の日本型の特性を大いに共有している。

アントレプレナーシップの理論化を試みの中で，その独創性と共に現実的遂行の指針の提供という意味で注目に値する視座は，マーク・カーソン（1982）による情報コストの大幅な低減を導出することによって活性化される企業家活動である。経済学者であり経営史家である氏は，市場というメカニズムをとおして経済成長に必然的に関わる企業・政府・家計（消費者）がより効率的な経済活動に取り掛かれる方法として，創出・発信・共有可能な関連情報の費用を下げることが重要であることを力説する。ここでの費用は情報の獲得だけでなく，選別・分類と分析，普及と再生産など，経済経営活動に関わるすべてプロセスコストを意味している。すなわち，あらゆる企業家活動とは制度組織或いは新旧テクノロジーの組合せを駆使して，新しい価値を創出・獲得する活動の動機とプロセス活性化の場を提供する情報コスト低減を実現することであるという構えがカーソンの企業家論の軸である。そして，情報コストを分析軸に構えた理由について，カーソンはあらゆるアントレプレナーシップにおいて厳しく求められる共通項は，企業と事業の生死を左右する「致命的」重要性を伴う経営上の意思決定（ディシージョン・メイキング）であり，ここに情報の有無は成果の是非を問わず決定的な役割を果たすことを指摘している。

　本章の「はじめに」で紹介したアメリカの現状に戻ってみよう。新旧事業の既存枠を超えて，より活発にアントレプレナーシップを遂行する地元中小企業の台頭を最重要国家事業のひとつとして明言している。新しい事業組織を創業する起業家だけを求めているわけではない。どちらかいうと，アメリカで求められているのは国内の既存中小企業からの企業家である。勿論スタートアップ企業を実現する起業も必然的であるが，それより先にすでに存在する中小企業の革新と刷新を呼びかけている。では日本はどうか。

　ここで，もう一度シュンペーターによるイノベーションの基本概念を換起すると，アントレプレナーの定義のためにマネジャーとの差異で説明を行っている。すなわち，後者はDaily Ongoing Concern（日々のルーチン化された業務への取り掛かり）が仕事の中心になる人であるのに対して，前者は「経営資源（モノと力で描写した）の　Neue Kombination（新結合）をとおして新機軸を

実現・遂行する人物」と定義されている。さらに，20世紀初期まで従来の「企業者」は古典派経済学のコンセプトにもとづいていて資本・土地・人的能力を単に結合すればアントレプレナーに成り得たが，シュンペーターが新たに定義した20世紀以降の企業家とは企業組織の大きさを問わず，明確な目標とビジョン，確信を持ち，新しい価値創造を求めて新たな能力開発と入手可能な資源すべての活用に挑戦を繰り返し続けるアントレプレナーである。したがって新技術への理解と市場展開についての知識を備え続けることも必須になる。ここで技術経営の重要性が急激に増してくるのである。

アメリカより，実は日本の方がさらに切実に，そして緊急に中小企業からのアントレプレナーシップを必要としているのではないか。これが本章の主眼が置かれる議題である。

3. 技術経営とアントレプレナーシップ

学問として技術経営（注：欧米ではTechnology and Innovation Management Studies，日韓ではMOT，Management of Technologyと呼称）で追求される学術的知見のエッセンスとはいかなるものであるか。既に本書のいたる箇所で答えがあるため繰り返しになるが，その問われる本質とは様々な新旧技術の潜在的可能性を市場需要に結び，商品開発を通して新しい価値の創出と獲得を実現する概念の理論化（Theorization）と遂行の体系化（Systemization）である。ここで起業家概念という視点から考えると，技術と市場の新たな結節部を探索，選別し創業を通して具体化することであり，企業家概念からの場合は，それにさらに加えて既存の結節部の刷新と新展開を含めることになる。

国内の技術経営研究でピーター・ドラッカーは比較的議論されることが少ないが，「事業とは顧客を（持続的に）創出することである」とマネジメントの本質を定義した氏の洞察を借りると，テクノロジーマネジメントの真髄は「過去・現在・未来の技術」を以って新たな顧客を持続的に創出することであるといえる。そしてここにシュンペーターのアントレプレナーの概念を加えると，

新旧技術要素の新結合だけによる場合，または人材やサービスなど他経営資源と技術要素の新たな組み合わせ・再編成による事業仕組みと市場への仕掛けの革新が技術経営アントレプレナーシップと定義可能になる。

　シュンペーターはアントレプレナーによってイノベーションが実現されるパターンを次の5つに整理している：（1）新しい財貨の生産，（2）新しい生産方法の開発，（3）新しい販路・市場の開拓，（4）原料や半製品に関する新しい供給源の獲得，そして，（5）新しい組織の実現である。この各分類に対して技術経営を接木させてみると，まず，最初のイノベーションは既存技術あるいは新技術の導入により既存には無かった価値を有する商品の製造を遂行可能にするプロダクトイノベーションを意味する。続いて，技術の適用・応用による新生産方式を通して価値創出の効率性向上を実現するプロセスイノベーションがその2つ目である。さらにコミュニケーションテクノロジーや情報処理技術，人や物品・資材などの物理的輸送能力の飛躍によって，既存までは到達出来なかった潜在市場の具体化を導くこともイノベーションのルーツと決められるのである。テクノロジーの発展は特定商品の製造に費やされる原料の採掘量の拡大だけでなく，より効率的方法を探索可能にし，既存事業に新しい展開をもたらす。これが4つ目と分類されている。そして最後に，シュンペーターは工場レベル（生産組織）から企業レベル（企業組織），さらに国家レベル（制度組織）にいたる多様な組織体の構築・構成・運営上の革新もイノベーションを導出するチャネルとして定義している。ここでも技術発展，とくにコミュニケーションと組織内外知識創造と共有を活性化するテクノロジーの導入が組織革新を伴うのである。

　新しい組織の実現によるイノベーションについてはアレキサンダー・ガーシェンクロン（1962）も後発工業国によるキャッチアップを経済史の視点から詳細に議論している。19後半のドイツや20世紀初期のロシアによる工業化の過程において，イギリスとフランスを筆頭とする先進工業国の進歩に短期間で追いつくために，政府と銀行による工業化計画と支援遂行のシステマチックな取り組みと，情報共有と政策決定に際してのコンセンサス形成を主とする各

工業に設置されたアソシエーション（協会）の役割の決定的重要性を力説している。ここで興味を引くところは、産業と国家レベルというマクロの視点で工業化を議論しながらも、同時に個人というミクロレベルまで焦点を下げてアントレプレナーの社会的意義と後発工業国におけるアントレプレナーシップの特性について分析を施している点である。先進工業国ではすでに制度的成熟化を成し遂げている市場、すなわちマーケットメカニズムを媒介とするアントレプレナーシップの萌芽・展開がみられ、より純粋な概念の企業家活動の経済的要素が注目可能になる。しかし、後発工業国においては、経済的活動の枠を超える企業家によるイノベーションの社会的非連続性までも分析対象として扱われる必要があることが主張されている。ガーシェンクロンの後発工業化のキャッチアップモデルはアントレプレナーシップについてシュンペーターでは扱われていない分析要素を明示しており、その学術的意義は大きいものといえよう。

しかしながら、ガーシェンクロンの議論は次の2点が欠如していることを指摘する必要がある。まず、アントレプレナーの活動を支える要素としてテクノロジーにはほとんど触れていないことである。すなわち、技術経営の視点は皆無といっても良い。第2に、後発工業国モデルとしてドイツとロシア、そしてブルガリアの事例だけをベースにしての議論に止まっていて、日本を筆頭とするアジア諸国の後発工業国モデルを形成する非西洋的要素、たとえば、アジア各地に存在する固有の経路依存的要素はモデル構築に一切扱われていない。前近代的慣習と社会身分制度、宗教理念と哲学思想、教育制度、そしてアントレプレナーシップのコンセプト的根幹を成す価値観などは、すべて欧州を中心とする西洋だけが反映されているのである。

カーズナーの企業家論（1972）は、すでに言及したとおり、小笠原の日本的イノベーション論で指摘する「入口で非連続性を前提とする革新型」よりは「入口では既存体制との連続性を求めるも出口での非連続性の実現を試みる刷新型」と近似した視点を構えているところが注目に値する。そしてなんらかの予想可能・不可能な諸要因によって持続的に誘導される市場不均衡に対して均衡を求めての経済活動に取り掛かる人物を企業家と定義しているところは、日

本人の強みである「改善」を目指してのあらゆる取り組みをアントレプレナーシップの1つのモデルとして考察を可能にするのである。しかし，カーズナーのアントレプレナー論でもテクノロジーマネジメントを必須要素として扱い，アントレプレナーシップの具体化において技術経営の役割をしていないところは注意を要する。

　では技術経営の研究とアントレプレナーシップ研究は結合を不要とする領域であろうか。現実的に考えて，今日の状況で企業家活動において技術経営は無関係とみている読者はいらっしゃるのであろうか。実際シュンペーターが提示したイノベーションのパターンの5つのチャネルの説明では，必ずしも最先端技術の応用や新旧テクノロジーの結合が必然的に不可避なものとして扱われていない。新技術の導入が無い場合でもアントレプレナーシップの遂行は可能であるし，テクノロジーにおいてのブレークスルーが常にイノベーションに直結されるという見方も全く提示されていない。要するに，技術経営はアントレプレナーシップにおいて十分条件であり，絶対条件ではないということである。にもかかわらず，テクノロジーマネジメントの研究と理論化，実践が今日のアントレプレナーシップの理解に必須と主張可能になりつつあるのはなぜであろうか。

　カーソンのアントレプレナー論はその概念定義において，技術経営融合の一面を明示しているモデルである。インフォーメーションコスト（情報費用）を節減するあらゆる企業家活動がイノベーション遂行の基本要素になり，また企業家活動の展開を促す必要基盤と設定している（1982）。決して今日のICT（Information & Communication Technology）を言及しているわけではないが，より活発で複雑なパターンの対人コミュニケーションを促進する「場」設定の重要性という概念は，原始的且つ物理的な場所から，電報と電話による電信情報インフラの進歩，そして今日のインターネットを基盤にする多様なICTによる情報コストの革新的低減までのすべての包括的議論を可能にするのである。

　今日までアントレプレナーシップの理論化の主流において，技術経営の要素

が充分に融合されていない事実は，本章にとってはリスクではなく，良い機会である。学術的議論が取り上げられなくても，読者の絶対大多数はこれからのアントレプレナーにとって戦略的なテクノロジーマネジメントが必須になっている現実を直視されていることであろう。それはいかなる企業活動，経営活動においても，今日は最新情報技術を軸とする様々なテクノロジーとの関わりが不可避である現実に基づくものである。その詳細については，組織論（第4章），IT（第6章），そしてサービスイノベーション（第7章）など，本書の各章で複数の核心的視点から議論されている内容を参照されたい。

4. 日本の中小企業に問われるパラダイムシフト

　パラダイムとは古代ギリシャ語に語源からは「範例・模範・パターン」を意味し，アメリカの科学史家トーマス・クーンの著書，科学革命の構造（1962，和訳版は1971），を通して紹介されている。クーンはパラダイム概念を科学界の研究・教育の遂行上，法則・理論・応用・装置と装置の取り扱いにおける確立され，共有されている範例パターンであり，このパターンによって科学界を含む特定の業界に伝統と常識が形成されると議論している。クーンのパラダイム論は，科学史の領域をはるかに超えて，社会規律の構造と変化をみるにおけるその概念的重要性から，様々な議論と非難，支持を招いたコンセプトであり，1970年出版の改訂版では，パラダイムを自然科学界に限らせていて，社会科学の研究には応用出来ないと言及されている。しかしながら1992年出版のジョーエル・バーカーのパラダイム論は社会科学として明らかに一般読者への概念紹介と説明がなされていて，「特定組織・業界の人々によって共有され，一連の前提条件・仮説と共にこれから解決されるべき問題と課題を提供する思考の枠組みである」，議論されている。その概念定義より，実は読者にとってより重要なポイントは，パラダイムが定まり，関わるものとしてそのパラダイムにロックされてしまうと相当の間（場合によっては一生），その思考枠から抜け出すことが出来ず，ここから環境を解釈することにおいても，行動を引き

起こすことにおいてもすでに確立されている既存モデルに縛られることになるというところである。

　本節ではクーンのパラダイム論とそれに続いた批判論との攻防については省略することにする。しかしながら，クーンもバーカーもそのコンセプトにおいて一番重要視している要素を明確にしておく必要がある。それは，パラダイムは比較的非連続的に，そしてある特定の時期に急激な転換をみせるということである。バーカーはいう。パラダイムシフトとは，「新しいゲームに移行すること，ゲームのルールがすっかり変わってしまうこと」であると。すなわち，ここにシュンペーターのアントレプレナー論を持ち込むと，既存の（ビジネス）ゲームから新しいゲームへ移行を促す人物であり，また今までの古いルールを変えて，古い仕組みに不均衡をもたらす人物である。そしてカーズナーの場合，パラダイムシフトは既存の市場競争内の不均衡要素を見つけ出し，新たな均衡を求め，また実現に取り掛かる人物である。パラダイム論とアントレプレナーシップ論は，こういう意味で実はその本質において有機的関連性をもって説明し合えるのである。

　確かに，初期アントレプレナー論で想定するモデルは，企業家活動をベンチャーキャピタルの創業と重複させる傾向があり，本章で注目するすでに活動中の中小企業よりは，創立仕立てのベンチャー内の企業家個人の特性と素質の分析を試みることが研究における「パラダイム」であった。とくに，既存システムや仕組みに「創造的破壊」（または「創発的破壊」）の働き掛けに分析の主眼を向けたシュンペーターの初期イノベーション・アントレプレナーモデル（Mark I）では個人レベルの企業家とその人物による機敏な小企業をみていて，ベンチャーキャピタルを含めて，企業家個人によるミクロ組織の進化と展開に対する知見の体系化が優先されていた。しかし，グローバル市場競争の激化と多国籍企業の現地化展開に伴い，とくに1990年代前半の欧米の大企業にとっては買収合併で達成可能な企業能力（ケイパビリティー）の伸びに限界が浮き彫りになってきたのである。国際競争力の新しいリソース確保に際して既存事業の生産性とグローバルオペレーションの効率性改善だけでは間に合わず，ふ

たたび創業と同様の新しい仕組みと仕掛けへの要望である。

　個人ベースのアントレプレナー概念の枠を越えて，多数の個人，複数のアントレプレナーによる企業組織レベルでの新たなアプローチが現実課題になった。ここで予め喚起する点として，シュンペーターの後期モデル（Mark II）でも個人レベルではなく組織レベルの観点からスタートアップ段階を越えたアントレプレナーシップを考察していることである。すなわちシュンペーターも部分的ではあれ，制度的装置による経済活動から遂行される革新の重要性をすでに明示していたことである。しかしながらシュンペーターのモデルでは大企業についての十分な議論は行われていなかった。ここで，巨大組織と資本をもとに複数のグローバル事業経営に取り掛かる大企業におけるイノベーションを活性化する仕組みの研究領域が過去20年ほど展開されている。Corporate Entrepreneurship（企業レベルのアントレプレナーシップ）である。一番良き例としては，ハーバード大学のクレイトン・クリステンセンによるイノベーションのジレンマー（2001）がある。

　その詳細内容の議論はこの章では省くが，何より重要な内容は優秀な大企業が優秀であるが故に既存の組織仕組みと市場への仕掛けに縛られ，イノベーションの真の本質を見抜くことが出来ず中小企業やスタートアップのベンチャー企業に追い抜かれるメカニズムを如何に回避するか，についての提案である。そのクリステンセンのソリューションは次の通りにまとめられる。収益性と将来性が高いと判断される市場および事業とはあまり関連性のなさそうな「未熟」ビジネスの領域に持続的に注意を払うこと，そして，技術的完成度が低く，市場の成熟度が萌芽段階に留まっているようにみえる事業に対応する小規模の企業内組織あるいはベンチャーを立ち上げることである。クリステンセンの慧眼は「優秀な大企業の真面目で合理的な経営に潜む恐るべき脆弱性」をみごとに看破し，その提案は欧米諸国の多国籍企業から韓国の大財閥企業にいたるまで世界中で幅広く実践されてきている。

　しかしながらクリステンセンのブレークスルーにもジレンマーが発見される致命的要素がある。それは彼の目線があくまでも大企業に向けられているとこ

ろだ。すなわち，日本，アメリカ，アジアと欧州を問わず，人々の経済活動の場となるのは中小企業であるという現実を看過し，人材と資本，技術など経営資源全般においてタテとヨコの幅を有する大企業の事例をもとに分析・洞察を行い，理論化を図り，そして解決策が提案されている。アメリカのみではなく，日本国内の大多数の経営現場，とくに大多数の中小企業にとってはご立派な「絵に描いた餅」になってしまうか，または「理論のための理論」にとどまる可能性は至って高いといえる。この問題意識は筆者個人のものではなく，本書の編集担当の名取教授を筆頭として，各章執筆者全員が共通して抱いているものである。

　本章のはじめに紹介したアメリカ中小企業の危機意識とは，まさに中小企業の今後には真っ先にパラダイムシフトが切実に要望される時期であるからに他ならない。パラダイムはその概念定義からもわかるように，それを形成し共有するコミュニティーの「仕組みと仕掛けの一般的姿，または内外の人々によって標準的と認識される姿」を決定する。では国内中小企業の今日までの姿とはいかなるものか。この点については読者および現場の中小企業の方々が筆者より遥かに現実性豊かな認識をお持ちであると判断する。しかしあえて次の共通特性が関わってくるケースが，とくに関西地域の製造業分野では大多数であることは予想可能である：(1) バリューチェーンにおける大手メーカとの垂直関係，(2) B2B，B2Cという顧客およびその接点の差異に構わず高度に特化された市場と商品セグメント，(3) 自社特化の専門技術開発と既存製品の改善にはグローバル競争力を持つが，今後の新展開構想は不十分，(4) 現行市場・顧客の今後の有無と展開，そして新市場・顧客における不確実性高し，(5) 投下可能な経営資源，すなわち資本と人材確保に難題多し。

　上記5点に加えて，毎日行われる経営上・技術経営上の意思決定が企業存亡に関わってくる可能性が以前にないレベルで高まりつつあるのも，国内に限らず今日の世界各地の中小企業の共通した状況である。その理由は人類史上前例をみない速さで既存産業と市場の構造と枠が変化し，前途を不明確にしているからである。この時点で筆者が中小企業に問われるアントレプレナーシップと

いうテーマで読者にお伝えしたいメッセージは明確である。それは，まず経営者と技術者共に，視野を広げることと構想の時間軸を伸ばす試みを続けることで，今まで見えていなかった自社の内外資源の発見と，それらのあらゆる大胆な新結合の猛烈な追求である。もう1つは，既存の産官学連携のパラダイムから脱却を自ら図って，より緊密でインテンシブな産学連携に死活をかけての取り組みである。次の節では，その新産学連携で筆者が扱うテーマを簡略に整理する。

5. 中小企業のアントレプレナーシップ
：概念と実践のフレームワーク紹介

　アントレプレナーシップの実行には，中小企業，大企業，そしてスタートアップのベンチャー構わず，理論的には検証不可能な直感と予想外のひらめきと偶然の発見が伴う遇有的世界（石井 2012）が存在する。さらに如何なる地域の企業組織であれ，卓越したアントレプレナーに求められる基本資質についてはシュンペーターがすでに明らかにしている次の3点が注目に値する：洞察力，精神的自由，そして既存制度と環境からの抵抗に打ち勝つ強い意志である（シュンペーター 1998）。今後の国内中小企業のイノベーションに備えて理解と実践が求められる概念フレームワークとして次の3点を取り上げる。技術経営で扱われているこの3つのフレームワークはいずれもその理論化における完成度や実践応用にいたるまで，限界が各著者によって明示されている。そして今後も国内のケースを含むより多様な事例の分析を通しての重なる実証と体系化の進展が呼びかけられている。定型化された理論体系としてみるよりは，今後も続けて進化するものとして理解し，読者がそれぞれの技術経営現場で実際の遂行を通して国内中小企業にとって最適なモデルを次々と具体化していくことが望ましい。

(1) プラットフォームリーダーシップ論：内から外

　第1に中小企業はこれからプラットフォームリーダーシップの確保が肝要で

ある。ガワーとクスマノによって提案されたこの理論における核心概念(2005)は，組織ネットワークの外部性を活用，すなわち外部リソースの戦略的活用による企業成長と事業展開の継続であり，そのために所属している業界内の他企業組織との協業において最もメリットのあるポジショニングを可能にする多様な組合せを可能にする結合型製品の持続的開発である。ガワー・クスマノの今までの検証対象は，事実上，大企業だけに限られている。したがって彼らの企業への提案内容の殆どは大企業，多国籍グローバル企業向けであり，そのままの応用では，異なる条件と環境で競争に取り掛かる中小企業にとって同様のイノベーションという結果を期待することは難しくなる。国内中小企業にとってプラットフォームリーダーシップ論の理解と実践は，現在の技術経営の力量強化だけでなく，所属する業界内外の今後の新たな取り組みと新製品開発の構想と遂行に多くの示唆点を提供することが期待される。ここでプラットフォームの概念は自社の目線で，自社のポジショニングの戦略性と競争力の再考察を試みるため，次に紹介されるキーストーン戦略と一緒に学習されることをお勧めする。

(2) キーストーンリーダシップ論：外から内

　キーストーンとは，ある固体または組織体が自らが所属する生態系（エコシステム）において所属メンバーと共有する「掟」を意味する。戦略論においても，組織論においても，既存の経営学領域では外部環境として定義されてきた，あるいは企業が帰属する産業領域，または事業展開を遂行する市場領域を有機的に連携されている形で把握し，その新しい視座から経営生態系の全体にわたる価値創出と価値獲得における自発性，すなわちリーダーシップを考察する理論フレームワークである。中小企業が大企業に比較されたとき，欠如しがちな視点がこのキーストーンリーダシップであり，バリューチェーンの中で下請けメーカーとしてポジショニングを取って，大手メーカーの受注に沿って地道に，そして真面目に本業のみに邁進してきた中小メーカーの間で明らかに不足していることを目撃してきた。プラットフォームリーダシップの確保と遂行

を目的とする既存商品の競争力強化と新戦略商品の開発に取り組む以前に，自社が帰属する生態系の現状と，その生態系（ビジネス・エコシステム）の今後の展開について，より広い視野を構えて再考察をする必要がある。さらにキーストーンリーダシップの研究で要求される斬新な視点の探索は，産学連携が現時点で一番効率良いアプローチである。立命館大学（大阪いばらきキャンパス）は最も高い競争力を保有する産学共創のプラットフォームになることと確信している。

(3) The Art of The Long View：近視眼的思考の克服

キーストーン戦略をとおして自社の生態系を再認識し，プラットフォームリーダーシップの創出を目指す新しい技術経営の遂行に必須要素となるもう1つのフレームワークが「ロングビュー」である。この用語は，Schwartz氏のものを借りているものであり，このフレームワークは異なる呼び方で近日その分析フレームワークとしてのテクニカルな部分の多様な展開がみられている。技術経営ではロードマッピングとも称されており，他にもシナリオ・プランニングやシナリオ・シンキングという用語で，多少の差別化を図りながらの理論化と体系化が進行中である。ここで注意すべき点は，いずれのフレームワークにしても，近未来の市場や自社の生態系を正確に予測することが目的ではないことである。

いずれも今後の有り得る様々な社内外の状況展開を前もって想定し，幾つか選別された一番重要な状況で如何なる対応をするかについて議論を促し，組織内の認識共有を図ることが目的である。中小企業の今後の成長戦略にとって限られた経営資源をどのようなタイミングで投下・展開していくかは場合によっては死活問題に直結しかねない。さらにプラットフォームリーダシップ戦略にそっての商品開発に際しては，共同開発に関わる企業の数が増えてくると必然的に近視眼的な対応，その時点での迅速な問題解決と緊急な対応の必要性に遭遇する。この不可避状況を踏まえてでも，中長期戦略の視点を常に企業組織内で換起し，共有することが重要になるのである。近視眼的アプローチだけで

はリーダシップは取れないからである。

　ロードマッピングを筆頭に，本章の筆者は中小企業向けの様々なロング・ビューの技法の開発を構想中であり，今後さらに積極的な産学連携をとおしてその分析と実践フレームワークの体系化を試みている。読者の参加と協力を大いに期待している。

6. おわりに：真面目と不真面目の両立，アートとしてのアントレプレナーシップの遂行

　イノベーションの実現と経営はどうしてそれほど難しいのであろうか。アントレプレナーシップを妨げる決定的要素についてシュンペーターは次のように言及している。キーワードそのものは「不確実性」である。まず，いかなるイノベーションも，その前例がないからこそイノベーションと成り得るところが本質である。したがって「前例がない」という1つ目の要素が不可避となって大多数の経営現場の人々にとって取り掛かることに躊躇を強いるのであるとシュンペーターはいう。失敗やリスクは誰も負いたくないものだ。

　そして，ある個人が前例無きイノベーションに取り掛かるアントレプレナーの一歩を踏み出した場合でも，周囲からの抵抗，すなわち「足を引っ張られる」ことでイノベーションの萌芽が踏み潰される場合が多いという洞察からその2つ目の要素，周囲からの抵抗，が取り上げられている。良かれ悪しかれ，日本語にも「横並び」や「出る杭は打たれる」という表現が意味するとおり，前例のない構想の推進に錘（おもり）をかけてくる第1理由は予測不可のリスクそのものの回避であり，ちなみに対応可能である場合でも，対応に伴う既存体制からのスウィッチング費用を想定されることで変化への抵抗が発生するのである。

　このアントレプレナーシップの障害要素の必然性については，戦略論の視点でも議論されており（Raynor 2007），注目に値する。レイナーは「戦略パラドックス」の中で，イノベーションを目指す有能で野望に満ちた企業家であればあるほど，抱く理想と戦略の未来への時間軸が伸びるにつれ，将来における

不確実性要素が激増することに素早く気付き，優秀で且つ合理的であるが故に自分の対応可能な要素を迅速に選別・整理し，戦略プランに反映し，経営に遂行していく過程で，その時間軸がみるみる短くなっていくと同時に，結局は身近で確実に管理可能な範囲だけに自ら制限していくプロセスを見事に説明している。結果的に，戦略思考が可能で優秀な企業家・経営者ほど，最終的に取り掛かる戦略の遂行は「アントレプレナーシップとは関連性が低い，一番地味な」オプションに「安住」するように変貌していくパラドックスの実在が検証されている。

　さらに3つ目の要素として既存の思考体系や習慣をシュンペーターは指摘している。この点については，クリステンセンのイノベーションのジレンマーで力説されている優良企業の凋落メカニズムに潜む合理性と堅実性で固まった「模範生の真面目さ」と相通ずる。別の表現でいうと，今まで一般常識化し，形式化された「優秀さ」こそが変化のスピードと複雑性を増す技術と市場の動態的本質を見抜くことを妨げる結果を導き，結局は競争優位を保持していた既存の市場競争力基盤までも蝕んでいく文脈を想起されたい。業界内でいわゆる常識とされる知識と習慣に盲信追従的で直向きに忠実を図り過ぎると，既存事業の枠組みの中で効率性と生産性の向上を成し遂げるかも知れないが，同じ目的を遂行可能にする異なる破格的方法論に気付き，探求し，具体化することから自社の新たな競争力につながるイノベーションの実現可能性からは遠去かるリスクも存在するのである。そのリスクの高まりの現状については読者が現場で誰よりよく実感されている筈である。

　本節のタイトルとおり，アントレプレナーシップの遂行の本質は真面目さと不真面目さという2つの相反する概念の間で如何に主体的に，そして持続的に，均衡と不均衡を繰り返すかに存在する。この本質は特定の中小企業に限られるものではなく，如何なる地域の如何なる業界の経営組織，企業体にも同等に反映されるものである。そこにはまず，ミッションとビジョンを構え，前もって未来を見据え，冷静に戦略的なシナリオを描き，徹底した市場と競合社のデータおよびリスク分析による合理的判断に基づき企業資源配分の意思決定を行い

ながら堅実に経営に取り掛かる真面目な側面がある。ここまではシュンペーターが定義した「優秀な経営者・マネージャー」としての素質領域である。

しかしここからさらに難しい先がある。シュンペーターを筆頭に，カーズナーを含む多くのアントレプレナーシップ研究・経営戦略研究で検証されてきたイノベーションが要求する「企業家・アントレプレナーの特質」である。周囲が従順にフォローする既存の常識とルール，さらに帰属する組織や業界の共有される慣習と制度に対して常に斜めの目線を構え，疑問を抱き，何が欠けていて何が不要であるかを感じ取り，そして顧客が発する声と要望に必至のフォローをやめて，逆に顧客はまだ知らなくても本人の洞察とひらめきで価値があると判断したものを大胆に出していく不真面目な側面である。アントレプレナーは優秀な経営者としての資質と共に，このプラスアルファーが必須であることがこの章で読者にお伝えしたい第1のメッセージである。

ではこの「プラスアルファー」を中小企業のアントレプレナーの卵は今後如何なる方法で追求していくか。プラットフォームリーダーシップを含むすでに前節で紹介した複数の概念的フレームワークの理解と，今後への中長期的視点での戦略的構えの実践を，産学連携という形で前例無きレベルの積極さで遂行していくことがこの章からの第2のメッセージである。オープンイノベーション（米倉・崔 2010）をキーワードに，世界有数のグローバル大企業ですら企業組織の枠を遥かに超える縦横連携の多様なコラボレーションを構想・実行し続けることで社内コーポレート・アントレプレナーシップの活性化に積極的に取り組んでいる（チェスブロー 2008）。本章のはじめに紹介したアメリカの近況は中小企業のアントレプレナーシップの高揚に国家レベルの産官学連携で新展開を図っていることを生々しくお伝えした。国内中小企業も傍観は許されない。まずは既存とは一線を画す，より有機的で緻密な産学連携の実現に積極的になって頂きたい。そして本章の執筆者を含む本書の執筆陣全員が所属する立命館大学大学院テクノロジー・マネジメント研究科が読者の今後の連携の構想と実践において第1線にいることを心より望んでいる。

【参考文献】

Casson, M. (1982) *Entrepreneur: An Economic Theory*.

McGrath, R.G. and Macmillan, I.C. (2009) "Discovery-Driven Growth: A Breakthrough Process to Reduce Risk and Seize Opportunity" *Harvard Business School Press*.

Raynor, M.E. (2007) *The Strategy Paradox: Why Committing to Success Leads to Failure (and What to Do About It)*, Crown Business.

Sathe, V. (2003) *Corporate Entrepreneurship: Top Managers and New Business Creation*, Cambridge University Press.

Schwartz, P. (1996) *The Art of The Long View*, Crown Business.

アナベル・ガワ，マイケル・クスマノ（2005）『プラットフォームリーダーシップ：イノベーションを導く新しい経営戦略』有斐閣

石井淳蔵（2012）『マーケティング思考の可能性』岩波書店

石井淳蔵・横田浩一（2007）『コーポレートブランディング格闘記：B to Bブランディングの実践ストーリ』日経広告研究所

伊東光晴・根井雅弘（1993）『シュンペーター：高孤の経済学者』岩波新書

ウッディ・ウェイド（2013）『シナリオ・プランニング：未来を描く，創造する』英治出版

梅澤高明（2013）『最強のシナリオプランニング：変化に対する感度と柔軟性を高める「未来の可視化」』東洋経済新報社

小笠原泰・重久朋子著（2009）『日本型イノベーションのすすめ』日本経済新聞出版社

クレイトン・M・クリステンセン（2001）『イノベーションのジレンマ：技術革新が巨大企業を滅ぼす時』翔泳社

クレイトン・M・クリステンセン（2014）『イノベーションの最終解（ハーバードビジネススクール・セレクション）』翔泳社

J・A・シュンペーター（1998）『企業家とは何か』東洋経済新報社

H・チェスブロー（2008）『オープンイノベーション：組織を越えたネットワークが成長を加速する』英治出版

トーマス・クーン（1971）『科学革命の構造』みすず書房

P・F・ドラッカー（2007）『イノベーションと企業家精神』（ドラッカー名著集）ダイヤモンド社

延岡健太郎（2010）『価値づくりの技術経営：意味的価値の重要性』一橋ビジネスレ

ビュー57巻4号
延岡健太郎（2011）『価値づくり経営の論理：日本製造業の生きる道』日本経済新聞出版社
マルコ・イアンシティ，ロイ・レビーン（2007）『キーストーン戦略：イノベーションを持続させるビジネス・エコシステム』翔泳社
宮本又郎・加護野忠男編著（2014）『企業家学のすすめ』有斐閣
米倉誠一郎・崔裕眞（2010）『オープン・イノベーション時代の経営戦略：多様な知識と技術の相互浸透でウィンウィン・ゲームの実現を』OMNI-MANAGEMENT（September 2010），社団法人日本経営協会

第6章 IT経営への招待

1. はじめに

(1) 企業変革の内なる"壁"

　話せば通じるはず，ところが実際は伝わっていない。戦略策定，組織改革，業務プロセス改善，IT企画・・・大手・中堅・中小を問わず企業経営の現場で毎日，至る所で起こっている光景である。さらに，これらを計画から実行に移す局面では，より多くの人々に理解してもらい行動してもらうために，大変な苦労を経験した経営トップは少なくないであろう。

　これは，「人はわかることだけ聞いている」(ゲーテ) と昔から言われている通りであり，「物の見方は人によって違うので他の人に物事を伝えることは難しい」ということを，人の脳をモデル化してわかりやすく述べたベストセラーもあった (『バカの壁』養老孟司)。人間の集団である企業組織には慣性があり，その変革には抵抗がつきまとう。古今東西のリーダーが直面する内なる"壁"である。

　「企業が持続的競争優位 (sustainable competitive advantage) を目指して情報技術 (Information Technology：IT) を有効に利活用するための統合化された組織活動」を「IT経営」と呼ぼう。IT経営においても，戦略とITとの連携，最新技術の導入，ITと業務や組織との連動など，いくつもの"壁"と直面する場面を避けては通れない。本稿では，IT経営におけるいくつかの"壁"を越えて，経営者がITと上手く付き合うための考え方について，国内外の研究成果や調査データ，および企業でのIT経営の実態に基づいて考えていきたい。

(2) IT経営の"壁"

　先ず，企業のIT経営のステークホルダーについて確認しておこう（図表1）。ITの「需要サイド」（使い手）としてのユーザー企業に加え，「供給サイド」（作り手）のITベンダー企業，さらに政官と学も広義のステークホルダーと考えられる。さらにこれらを取り巻く経営環境は，市場や顧客，競合，産業構造，国家などの広がりを持つ（角埜 2010）。

図表1　IT経営のステークホルダー

経営環境：市場・顧客、競合、産業構造、国家、社会・文化

	ITユーザー企業		ITベンダー企業	政官	学
	ユーザー部門	IT部門			
マネジメント層	CEO/社長 So What?	CIO Alignment			
オペレーション層	エンド・ユーザー Want	IT開発部門 Can			

　特にユーザー企業のIT経営に関しては，2つの交差した"壁"がある。図表1で縦軸のマネジメント層とオペレーション層は経営上の役割を示し，横軸はIT経営の機能としてのユーザー部門とIT部門に分かれる。"壁"は，マネジメント層とオペレーション層，ユーザー部門とIT部門の間にある。そして，これらの壁で囲まれた4つの領域を代表する役職・組織が，CEO/社長（Chief Executive Officer, マネジメント層×ユーザー部門），CIO（Chief Information Officer, マネジメント層×IT部門），エンド・ユーザー（オペレーション層×ユーザー部門），IT開発部門（オペレーション層×IT部門）である。

　壁の内側では，それぞれの言語（リテラシー）が使われており，その背後には構成員の経験・知識，あるいはスタイルの違いが根付いている。各領域を象徴する発言を挙げると，CEO/社長は「顧客システムに投資した効果は**どうなっているのか（So What?）**」，業務部門は「顧客システムの入力画面を見や

すく**したい**（**Want**）」，IT部門は「顧客Xが商品Aと商品Bを両方買ったかどうか直ぐには**答えられない**（**Can**）」ということになり，CIOはこれらの異なる立場間の**調整**（**Alignment**）の苦労が絶えない。大手企業ですらパソコンが1人1台になったのは2000年前後である。したがって，今の時代に先の4つの立場を全て経験した方は，ほとんどいないのではないだろうか。これらの事実はそのまま"壁"の高さを物語る。

(3) "壁"を止揚する本質的な問い：ビジネスの構想

それでは，壁を乗り越える工夫について考えてみよう。先ず，IT経営は企業経営の一環であり経営トップの責任範囲であることを前提とすると，社外の専門家にIT経営を丸投げしてはいけない。次に，経営トップの中には，「私はITの専門家ではないので…」と前置きをして，どんどん技術に関する基本的なことを聞いてしまう経営者がいるが，この姿勢は正しいのではないだろうか。問題意識があるから質問が出てくるのである。さらに，「ITの導入によって，何ができて，いくらかかるのか」という問いは，より洗練されている。

しかし，もう一段本質的に問い直してみるならば，企業のIT経営の問題は，「ITにどれだけ投資すれば，どれだけ経営パフォーマンスが向上し持続的競争優位に貢献するか」ということである。すなわち，ITを使って何をするのか，そのためにどのようなITを使うのか，その技術・スキルは自社内にあるのか，ない場合はどこから持ってくるのかという問いに対して順を追って答えていくことが重要である。要は経営者には，ビジネスの青写真を描く構想力が求められるのである。これらの問いこそ，ビジネス–IT，経営–オペレーションといった，4つの立場をアウフヘーベン（止揚）し，個々の企業のIT経営，さらには経営そのものの成否を決めるより深い問いなのである。

2. IT経営の実態

(1) ITベンダーに依存したIT経営

　1970年代以降に本格化した日本企業のIT化は，システムを作ったり売ったりする「供給サイド」のITベンダーに依存しており，一部企業は先に述べた丸投げといわれても仕方のない状態であった。米国に比べて社内IT部門の要員・スキルが不足していた日本では，鉄鋼や銀行といった先進ユーザー企業がいち早くIT子会社を作った以外は，国策としてメインフレーム開発に挑んだ富士通，NEC，日立，あるいは世界のITをリードしていたIBMといった大手ベンダーが，多重下請け構造でユーザー企業を支援する方式が定着してきたのである。そして，大プロジェクトでは4～5層の下請け構造も珍しくないのが今日の実態である（通商産業政策史編纂委員会，長谷川 2014；Kadono 2015）。

　システムの要件定義や設計など上流工程の主導権をITベンダーなどの「供給サイド」に渡すと，中立性を売り文句にするコンサルティング会社でさえ，ユーザー企業の経営に役立つシステム構築を第二義的にして，"システムの規模"を膨らませて売ろうとする場合がある。大きなプロジェクトを売る方が，ITベンダーやコンサルティング会社のビジネスにとっては有利であり，結果的に彼らの親会社や関係会社からよく評価されるからである。

　しかし，"システムの規模"は，ユーザー企業の売上増加やシェアアップ，コスト削減，すなわち利益に必ずしも直結しない。本来は，ユーザー企業の利益などの"ビジネスの価値"に貢献するかどうかが，IT投資の評価基準である。IT経営が企業経営の一部であり，経営トップが自ら判断すべき課題となっている所以である。

(2) 価値共創によるIT経営の時代へ

　一方で，最新テクノロジーに関する情報強者としてのITベンダーの売り方も問われることになる。しかし，ITベンダーが一方的に利益を享受しているわけではない。実際，ITベンダーが担うシステム開発関連事業を主とする日

本の情報サービス産業は、2005年に10兆円を超えて以降10年間横ばいが続いている（経済産業省 2014）。そして、その営業利益率は数％程度にとどまり、欧米の先進IT企業を大きく下回っている。また、様々なIT化の失敗事例がこの事業の難しさを物語っている。

　背景として、ITユーザー企業から見れば専門家であるべきベンダーやコンサルティング会社がコンピューター・サイエンスの基礎知識をもたないソフトウェア・エンジニアを増産してきたこと、欧米発のイノベーション（クライアントサーバー、インターネット、クラウドコンピューティングなど）の後塵を拝する状況が長年続いていること、新興国のオフショア企業の台頭などがある。また、かつてのSIS（Strategic Information System：戦略的情報システム）やBPR（Business Process Redesign：業務の抜本的改革）といった欧米からの分かりやすいスローガンを掲げてユーザー企業が全社で推進するのは、分散処理やモバイル化が進展した昨今では難しい状況である。

　今日の日本企業のIT経営の状況を一言でいうと、「需要サイド」であるユーザー企業だけでなく、「供給サイド」であるベンダーやコンサルティング会社においても、IT経営のプロフェッショナルとして十分機能しているとは言い難い。結果的に、日本企業の多くは、経営の視点から見て、実効を伴わないIT投資を続けてきた可能性がある。さらにいえば、企業活動の集積としての産業社会全体としても、非効率な面が大きいと推測できる。

　実はこのような懐疑的な見方は、世界でも生産性パラドックス（Sollow 1987）として、情報化投資と企業の収益性の間には相関関係が存在しているかどうかが経済学者の間で議論の的になっていた。しかし、今日では情報化投資は人的・組織の変革などの補完的要因と連動させた上で、収益性向上に効果を発揮するという理解が定着している（Brynjolfson, Hitt 1998, etc.）。

　したがって、日本企業のIT経営を進化させるポイントは、ITを活用して創造する"ビジネス価値"にゴールを合わせて、ユーザー企業とITベンダーが日本のスキルレベルの現実をふまえて真摯に協働し価値共創（Kohili, Grover 2008）を推進することである。そのための第1歩として、IT導入後のQCD

(Quality, Cost, Delivery：品質，コスト，納期）の検証など，成果と課題を共に認識し改善することが重要ではないだろうか。この継続的な努力の先には，共通プラットフォーム構築を含め，社会全体としてIT経営の進化が次第に促進されていくであろう。

3.「トップの意識と行動」がIT経営の出発点

(1) IT経営の"測定器"の開発と分析

　このような問題意識の下，ITブームの最盛期に筆者らは，経営とITを視野に入れ理論と実践を意識し産学官の協力を得て，IT経営関連では日本初の大規模調査「IT経営度調査」（2000, 2002）を実施した。この調査の狙いは，日本企業のIT経営の実態を定点観測する"測定器"を開発し，これを用いて継続的に各社のIT経営を改善しながら日本企業全体のIT経営の進化を促すことであった。さらに，豊富なデータを分析することにより，IT経営の進化に向けた具体的なアクションを策定できるのではないかと考えたのである（角埜 2004）。

　総合尺度である「IT経営度」は，IT経営に関連する組織活動を評価する6つの指標から構成した：トップの意識と行動（CEOやCIOのIT経営への参画度合いなど），経営とITの連携（経営からIT化へつなげる組織運営状況など），IT構築力（IT部門のスキル・スタッフの状況など），準備状況（業務部門のIT教育，インフラの柔軟性など），IT投資・装備（IT投資や導入実績など），IT経営効果（ITによるコスト削減，売上増加などの定量的・定性的効果）。

　調査の結果は，ランキング上位企業を日経など有名紙誌で公表した上で（日経ビジネス 2000），個々の企業が自社のIT経営の実態，他社との相対的な位置付けを認識し，前向きで実効あるIT化のアクションに繋げられるように，全ての回答企業（第1回509社，第2回413社）に総合評価と6分野の結果（順位と偏差値）を個別にフィードバックした。

図表2　ITが経営効果を創造するメカニズム

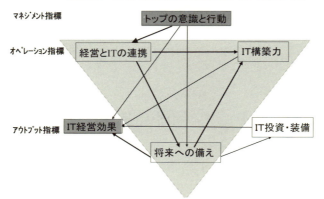

(2) CIOは経営とITの結節点

　学術的には,「IT経営度調査」で得た509社のデータを統計的に分析し, 企業経営においてITがビジネス価値を創造するメカニズムを分析した。その結果, IT化に関する「トップの意識と行動」が,「経営とITの連携」,「IT構築力」などを改善し,「IT投資・装備」を後押しながら, スピード向上, プロセス改善といった「ビジネス価値」を創造するという因果構造が実証された（図表2）(Kadono, Tsubaki 2002)。

　すなわち, 経営トップが,「IT経営は企業経営の一部」と明確に認識し行動することが, IT経営を進化させる出発点となる。したがって, 先に触れたCIOは, ビジネスとIT, 経営とオペレーションの壁を越える"結節点"の役割を担う存在といえるだろう。

　しかし現在, CIOという役職が日本の企業組織に根付いているかどうかは疑問である。情報処理推進機構（IPA）の「IT人材白書」によると（IPA 2012）, CIOを設置している企業は, 従業員300人以下で28.6％, 301〜1000人で33.6％, 1001人以上で46.2％と, 規模が大きいほど設置率が高い。また, 専任のCIOは全体で9.6％, 従業員1001人以上でも13.1％にとどまった。「IT経営度調査 2002」でも, 従業員500人以上の上場企業を中心とする413社の内,

専任のCIOは16％であった。したがって，この10年でCIOの専任率は大きく変化しているとは言い難い。

ちなみに，2002年当時は，CIOの8割は役員，平均年齢は55歳であり，兼務のCIOの内3割のみがCIO業務に3割以上の時間を使うという実態も明らかになった。そして，CIOは以下のタイプに分かれた。企画分野を中心に全社的な経験をもち，事業戦略の議論に積極的に参画し，業務改革でリーダーシップを発揮する「戦略志向のCIO」，ITインフラ整備や教育に熱心な「インフラ志向のCIO」，「経理・財務一筋のCIO」，「営業畑中心のCIO」である。そして「戦略志向のCIO」がIT経営度で高い得点をあげる傾向があった。

欧米では2000年当時に既に出現し始めていた，事業部門とIT部門のバックグランドをバランスよく兼ね備えたCIOの育成が，今もなお日本企業の課題なのである。官公庁や大手メディアなどの社会調査を継続し，CIO機能の変化を定点観測しながらその育成を支援することは，日本におけるIT経営を進化させるうえで重要なアクションの1つである。

(3) 産業レベルのIT経営への示唆

集まったデータは，産業レベルのIT経営の実態についても，多くのことを教えてくれた。たとえば，従業員規模が2000人辺りで，IT経営のあり方に大きな変化があることがわかった。規模が小さくなると格段に，IT経営の6つの評価項目の得点が下がってしまうのである。ITの場合，投資しなければ効果は得られない。しかし，投資したからといって，企業組織がうまく使いこなさなければ，効果があがる保証はない。中堅・中小の企業ほど，この難しさに直面している実態が浮き彫りになった。

しかし，その後のインターネットとグローバル化の進展が，中堅・中小企業の経営者にとって，政策や大手企業に牽引されることを待つばかりでなく，これまで以上に大きなビジネスチャンスをもたらしていることを銘記すべきであることは次節で詳しく述べることにしよう。

4. IT経営の進化に向けて

(1) IT経営の差別化の源泉

　これまでの日本のIT経営では，ITの流行語（Enterprise Resource Planning（ERP），Supply Chain Management（SCM），Customer Relationship Management（CRM），クラウドコンピューティング，ビッグデータなど）やスローガンを追いかける傾向があり，他社が成功した技術をそのまま適用したために引き起こされた失敗も数多くあった。

　しかし，本来のIT経営は，先に述べた実証結果が示す通り，インプットとしての「IT投資・装備」から，アウトプットである「IT経営効果」を生むまでの，一連の"IT化の組織活動"と考えるべきである。そして，社外からは見えない"IT化の組織活動"こそが，他社が一朝一夕に模倣困難な差別化の源泉になることが，経営学の成果として明らかになってきた（Barney 2007）。また，経営情報学の研究の最前線でも，企業の競争環境，戦略との整合性，組織特性，ユーザーとベンダーの価値共創，ソーシャル・ネットワーキング・サービス（Social Networking Service：SNS）など，自社のIT以外の補完的要素を視野に入れたIT経営の研究が世界の潮流となっている（経営情報学会，Association for Information Systems）。すなわち，企業の規模によらず，個々の企業の経営環境に応じたIT経営が求められているのである。

　したがって経営者は，自分の会社と情報システムの青写真を常に頭の中に描いておく必要がある。そして，現状の情報システムに束縛されることなく，情報システムの理想と現状を比較し，そのギャップを埋める手立てについて構想し，予算も考慮ながら理想像に向けて情報システムを切り替えていく指揮に当たることが求められる。

　さらに言えば，経営者が自らビジネスモデルを考え，ゼロベースで情報システムの設計に関与した，たとえばアマゾンやアスクルなどの企業は模倣困難な持続的競争優位を獲得している。このようにインターネットとグローバルな時代の経営者には企業規模とは無関係に，クラウドコンピューティングを前提と

図表3　企業経営の基本とIT/インターネット

してコア・コンピタンス（Prahalad, et al. 1990）に集中したビジネスモデルの構築など，ITに関しても白紙に青写真を描く構想力が求められるのである。

(2) 企業競争の主戦場=IT経営の主戦場

翻って，企業間の競争は競合他社（Competitor）との顧客（Customer）の獲得戦であり，市場における自社（Company）の立ち位置の良さ（ポジショニング）と業務の優秀さ（オペレーション）が競合との勝敗を分ける（Ohmae 1982）。戦略とは，将来を見据えてこの戦いに勝ち続ける，即ち持続的競争優位を獲得するための一連のアクションである。但し昨今の企業競争では，合従連衡のスピードが速く，3Cの関係性が目まぐるしく変化することに注意する必要がある。

図表3を用いて企業経営の基本について詳しく見ていこう。先ず企業には経営者の思いを表した経営理念がある。これはミッション・ステートメントと呼ばれることもある。各事業分野ではこの企業理念と一貫性のある事業の理念があり，これが製品やサービスという形になって市場に提案される。

次に市場では，製品やサービスを通じて顧客との価値の交換が行われ，競合に負けない魅力を持った競争優位性のある製品やサービスが生き残る。ここでは先に述べた企業のポジショニング，すなわちコスト優位か差別化かという立ち位置が市場で試される（Porter 1980）。

もう1つはその事業を支える業務の優秀さが競争力を左右する。すなわち，ビジネスモデルの問題である。ビジネスモデルは，図表3の開発から購買，生産，販売，サービスにいたる矢羽根が示す業務の連鎖であり，これに関連する組織や人，設備，金，情報を含む。そして今日，ビジネスモデル構築において，大きな役割を果たしているのがITやインターネットである。

　上記の流れは一見，経営理念から競争優位性を考えてビジネスモデルを構想し，その一部として，ようやくITが登場するように見える。しかし今日成功しているネット企業では，インターネットを梃子にしたビジネスモデルと企業理念・競争優位性を同時並行的に構想していることは明白である。

　一方，企業のIT化の機会はビジネスモデルの全般にわたるので，ベンダーがIT化を一般のユーザー企業に提案する機会も多い。ベンダーは新しいハードウェア，ソフトウェア，ネットワーク，そして現状システムの改善について次々とプロジェクトを提案してくる。これに対して，ユーザー企業の経営トップは戦略と予算に応じて，情報システムのプロジェクトの取捨選択をしなければならない。

　したがって，経営者は自社の事業のビジネスモデルを自ら構想すると同時に，情報システムの青写真を頭の中に描く必要がある。すなわち，ITを使って何をするのか，そのためにどのようなITを使うのか，その技術・スキルは自社内にあるのか，ない場合はどこから持ってくるのかという問いに対して答えていく必要がある。

　したがって，経営トップは常に5年くらい先を見据えて，事業の持続性に寄与するビジネスモデルや情報システムを考え続けなければならない。言い換えれば，経済のサービス化，グローバル化，デフレ不況，顧客中心など，経営を取り巻く環境をふまえた企業競争の主戦場を見据えて，ITを使ったビジネスモデルの差別化の主戦場を決めていくのである。

(3) 戦略思考でIT経営を

　IT経営においても戦略思考が応用できる。言うまでもなく，IT戦略は事業

戦略の一部である。したがって，既存システムの制約や必要機能が実現のできない理由をゼロベースの自由な発想で排除することが重要である。ここでは，"もれ重なりのない"思考（Mutually Exclusive Collectively Exhaustive：MECE）と本質に迫る質問（So What? や So How? の繰り返し）を忘れてはならない。

　これらをベースに仮説思考で考え，いくつかの選択肢（戦略オプション）を横並びにして，評価することが重要である。将来のビジネスモデルへの構想力が思考をさらに刺激することもしばしばある。こんな時，ITが，業務の優秀さを支える"ツール"から，新たなビジネスモデルをドライブする"武器"に化けることすらある。

　一方で，企業のIT化では主戦場への予算の重点配分が求められる。ここでは，"20–80ルール"のような判断基準が役に立つ。たとえば，品目数の20％が利益の80％を占めるといった見方である。優先順位を決めるための共通言語としては，IT経営においても"ビジネス価値"が挙げられる。なかでも，最大の共通言語は数字であり，情報システムによって，人手が何人減る，在庫がいくら減る，顧客へのコンタクトがどれだけ増える，購買価格がどれだけ下がるなどの期待成果をできる限り定量化して収益への影響を予測しておくことが望まれる。

　そして，IT戦略の構想段階では，十億円の話か，百万円の話かといったインパクトの大きさが経営者の判断にとって貴重な情報を与える。IT経営においても，課題にしろ，機会にしろ，事業へのインパクトの大きいものを見逃さない思考パターンが重要である。最終的な優先順位は，重要度，緊急度，将来性，難易度などのトレードオフで決めることもある。

　しかし，最近のIT経営では，定量化しにくい活動の価値，たとえばビジネスモデル変革，知識経営，企業の社会的責任（CSR：Corporate Social Responsibility），持続可能性（Sustainability）などをいかに評価するかが課題である。IT経営で差別化するには，定量化できるわかりやすい効果の追求だけでは不十分であり，経営理念にさかのぼり，事業の"最終ゴール"を見据えて，

未知のビジネス価値までも見通す想像力が求められる。

(4) 人材獲得・育成は外部や若手も視野に

IT経営の現場をのぞくと，経営者にとっての最大の難所は，経営とITを統合した新たなビジョン，つまりIT戦略をまとめ上げるところにある。米国では1990年代に，期間限定で経営トップ側近に位置し，CIO機能を丸ごと請け負うチームが活躍し始めた。その後，日本でもいくつか類似の事例が見られた。アジアでは，米国ビジネス・スクールで経営情報学を学んで帰国したCIOの活躍があった。成功例に共通するポイントは，CEOが責任を持って人材を選任することである。

一方，先に述べたように，多くの日本企業では，ビジネスとITの両方を視野に入れてIT経営を全うできるCIO人材はまだ限られている。したがって，自社流に時限的にでも外部人材の登用やチーム制など，CIOを機能として補完するための効果的で現実的な選択が迫られている。

また，今後の企業経営では，インターネットをベースとして，電子商取引（Electronic Commerce），電子マネー，ソーシャル・ネットワーキング・サービス（SNS）など，新技術を使ったアプリケーションを考える際にスマートフォンなどモバイル通信が重要な位置付けを占める。したがって，スマートフォンを自由に使いこなせる世代や女性の感性を取り入れてIT戦略を構想することも重要である。

5. まとめ

PCの生みの親，アラン・ケイは「PCは人間の能力の"増幅器"」であると語った。企業のIT化も上手に進めれば，組織能力の"増幅器"になるはずである。PCが大手企業に普及した2000年頃から時を経て，まもなくそうした時代がくるものと期待したい。

しかし，繰り返し述べたように，IT経営のねらいは「ITを活用したビジネ

ス価値創造」である。つまり，IT経営は企業経営の一部なのである。したがって，経営者は自社の事業のビジネスモデルを自ら構想すると同時に，情報システムの青写真を頭の中に描く必要がある。すなわち，ITを使って何をするのか，そのためにどのようなITを使うのか，その技術・スキルは自社内にあるのか，ない場合はどこから持ってくるのかという問いに対して順を追って答えていくことが重要である。そして常に5年くらい先を見据えて，事業収益やその持続可能性に寄与するビジネスモデルや情報システムを考え続けなければならない。

　策定された事業戦略は各企業に固有のアクションの束である。IT経営においても，他社の後追いはやめて，自社固有のアクションを社内外の関係者に語り理解と協力を得ることが重要である。その際，経営トップの意識と行動が出発点である。リーダーのアスピレーションとアクション志向が，周りの人に伝播し，彼らの潜在意識に"最終ゴール"へのコミットメントを植えつける。ハイレベルな戦略からデジタルなプログラムへ，いくつもの言語の"壁"を越えるため，経営理念に根ざし一貫した"最終ゴール"のイメージが重要な共通言語の1つとなる。すなわち，経営者は良きコミュニケーターである必要がある。

　そして，ITは経営組織の"ツール"であり，使う側の主役は個々の業務部門担当者や顧客など，ビジネスの当事者である。特に，インターネットの時代には，若手や女性などを含めた個の知識や知恵と組織全体の力が，予期せぬ価値を創造し創発するIT経営が望まれる。

　さらに，産業レベルでは，各企業のIT経営の進化が，プラットフォームの形成を含めた産業社会全体のIT経営のステージを押し上げ，相互に影響し合って進化を加速するであろう。これが，経済の再生・活性化，産業構造変革を促す"強力なツール"の1つになることが期待される。

　本稿ではIT経営について考察した。ITに限らず，何をするためのTechnologyかについて構想することは，MOT（Management of Technology）においていつの時代も経営者が挑戦すべき古くて新しい課題である。

【参考文献】

Association for Information Systems. aisnet. org.

Barney, Jay, B. (2007) Gaining and Sustaining Competitive Advantage. *Pearson Prentice Hall.*

Brynjolfson, E. and L. Hitt (1998) "Beyond the productivity paradox?: Computers are the Catalyst for Bigger Changes." Communications of the ACM, August.

Kadono, Y. and H. Tsubaki. (2002) "How IT create business value," *Proceedings of Pacific Asia Conference on Information Systems (PACIS).*

Kadono, Y. (2015) "A hybrid method to predict scenarios in the Japanese software industry," Int. J. Innovation and Learning, Vol.17, No.2, pp.254-261.

Kohili, R. and V. Grover (2008) Business Value of IT: An Essay on Research Directions to Keep up with the Times. *Journal of the Association for Information Systems.* 9(1).

Ministry of Economy, Trade, and Industry (METI)(2014) Current Survey on Selected Service Industries: Information Service Industry.

Ohmae, K. (1982) The Mind of the Strategist, McGraw-Hill.

Porter, M. (1980) Competitive Strategy, *Free Press.*

Prahalad, C.K. and G. Hamel (1990) The Core Competence of the Corporation., *Harvard Business Review.*

Sollow, R.M. (1987) "We'd better watch out." *New York Times,* p.36, July 12.

角埜恭央（2004）『ビジネス価値を創造するIT経営の進化』日科技連出版社

角埜恭央（2010）「設計科学からみたIT経営に関する社会調査の展開」『横幹Vol.4, No.1.』

経営情報学会 http://www.jasmin.jp/

通商産業政策史編纂委員会（編集）長谷川信（編著）（2013）『通商産業政策史第7巻 機械情報産業政策』経済産業調査会

第7章 中小企業のサービスイノベーション

1. サービスイノベーション

　サービスイノベーションとは字のごとくサービスのイノベーションである。ただし，サービスという言葉は一般によく用いられているものの，その定義はかなり曖昧である。たとえば，辞書を引くとサービスとは「気を配って尽くす」や「景品」などと記載されている。経済学の用語としては，「物質的財貨を生産する労働以外の労働。具体的には運輸・通信・教育などにかかわる労働で，第三次産業に属する。用役。役務」と定義されている（大辞林）。これに従えば，サービスとは，「ものづくり以外の労働」となり，その範囲は極めて多岐にわたる。後に詳しく述べるようにイノベーションは「知識の新結合」であると定義されていることから，サービスイノベーションは，「ものづくり以外の労働」における「知識の新結合」ということになる。

　このように実はサービスイノベーションの範囲は幅広く，厳密に議論することは容易ではない。ただし，いずれにしても，近年，サービスイノベーションが注目されているのは，高度な先進技術を活用し，付加価値の高いサービスを提供して高収益を実現する企業が数多く登場しているためである。

　サービスイノベーションの実現には必ずしも情報技術を活用することが不可欠ではない。ただし，成功事例の多くは，「先進的な情報技術の活用」が鍵となっている。技術の活用という点では，サービスイノベーションの創出は「技術経営」分野の重要な課題の1つである。

　近年，日本においても，サービスイノベーションが注目されている背景としては以下の3点がある。

【サービスイノベーションが期待される背景】
- 従来日本企業が強みとした「ものづくり」の競争優位が限界に来ていること
- 情報通信技術（ICT）が進化し，普及していること
- 蓄積された高度な技術を活用したサービス事業が期待できること

　たとえば，2013年6月に公開された総務省の報告書（2013）においては，「従来，我が国が得意としてきた「ものづくり」分野」においては，「中国，韓国，ASEAN諸国等が世界の工場として台頭するに連れて，国際競争が激しさを増しており，我が国の優位性は薄れる一方である」と端的に指摘している。そして，今後の日本企業においては，ICTの活用によって「コトづくり」が期待されると提言している。ここで言う「コトづくり」とは，「事業者視点で性能の追求に重きを置いた製品・サービスを提供するビジネスモデルにとどまるのではなく，利用者視点に立った高い付加価値を有する製品・サービスを提供する新たなビジネスモデル」と定義されており，サービスイノベーションは正にこの一類型である。

　「コトづくり」における重要なキーワードは，「事業者視点」ではなく，「利用者視点」の付加価値を提供すること，そして，「新しいビジネスモデル」の創出が期待されることである。これらはサービスイノベーションの成功要因として共通する課題であり，詳しくは本章の後半で説明しよう。

　サービスイノベーションが日本企業に期待される背景としては，従来日本で蓄積された高度な技術を活用してサービス事業に展開できるのではないかと期待されていることである。前述のように「ものづくり」の競争優位は低下してきているかもしれないが，日本企業には世界最高水準の高度な技術が蓄積されている。これを活用する分野は必ずしも「ものづくり」だけではない。世界最高水準の高度な技術を活用してサービス分野に展開することも日本企業には期待されているのである。そして，当然ながら，高度な技術を蓄積している企業の多くは製造企業である。すなわち，サービスイノベーションの創出という観

点からは，製造企業のサービス事業への多角化が期待されていると言える。

　本章のタイトルに掲げているように中堅・中小企業であってもサービスイノベーションは十分可能である。特に情報通信技術の進化と普及によって，個人でも手軽に情報通信技術の活用が可能になっている。また，日本の中堅・中小企業も高度な技術を蓄積しており，それらを付加価値の高いサービス分野に展開することが期待できる。

2. サービスへの多角化と収益性

　日本の製造企業で蓄積された技術がサービス事業に活用されて，付加価値の高い事業が実現することは素晴らしいことは間違いない。ただし，そもそも，製造企業がサービス事業を展開することが収益性の向上に貢献するのだろうか。製造企業のサービス業への展開は本業以外への事業展開であり，これは一般に「多角化」と呼ばれる。

　日本の製造企業は，1980年代までの積極的に多角化を行っていたが，行き過ぎた多角化を見直され，本業に回帰する動きが盛んになった。しかし，逆に近年では，日本企業の収益性が著しく低下しており，本業に特化するだけではなく，収益性の向上を目指した事業展開が再度見直されている。繰り返しになるが，特に高度な技術を活用したサービス事業の展開や付加価値の高い製品と組み合わせるサービス展開などのイノベーションへの関心が高まっている。

　しかしながら，製造企業のサービスへの展開はどの程度行われており，また，一般に収益に貢献すると言えるのだろうか。これらは豊富な定量データで確認する必要がある。ただし，実は，日本の製造企業の多角化については，統計データが整備されているにも関わらず，定量的な分析結果はほとんどない。

　そこで，以下では，筆者が統計データを用いて，近年の日本の製造企業の多角化の動向と収益性との関係を定量的に分析した結果を紹介しよう。欧米においては，多角化の戦略タイプを分けて，多角化と収益性との関係を分析する研究成果が数多く提示されている。多角化戦略の分類の方法は様々であるが，大

きく分けて,「関連分野における多角化」と「非関連分野における多角化」を峻別した分析が多い。代表的な多角化研究としては,多角化の戦略タイプを7つ（専業型,垂直型,本業・集約型,本業・拡散型,関連・集約型,関連・拡散型,非関連型）に分けるという分類方法が導入された（Rumelt 1974）。この研究では,246の多角化企業の多角化と利益率の相関を分析しており,「中核的能力と競争力」に関連した分野に限定して,多角化を行った企業の利益率が高いという結論を得ている。同様に「関連分野における多角化を行った企業」が「非関連分野における多角化を行った企業」よりも高い収益性を有していることを示した研究もある（Christensen and Montgomery 1981）。

一方,日本における定量的な実証分析としては,今井ら（1975）あるいは吉原ら（1981）が詳細な分析を行っている。たとえば,吉原ら（1981）は,日本の100社以上の代表的企業をサンプルとして,分析している。その結果,日本企業の多角化とその成果との相関は,前述のRumeltの実証結果とほぼ同様であることを報告している。また,児玉（1995）は,ハイテク産業において,川下方向の多角化が売上高成長と強い相関があり,輸出競争力が低下した産業が川上方向に多角化していることを示した。さらに,日本の製造業の豊富な統計データを用いて,非関連分野における多角化が収益性を低下させたこと,技術機会に基づく多角化は収益性を向上させることを示した研究成果もある（Gemba and Kodama 2001）。

しかし,近年の製造企業の多角化の動向やその成果について,実証研究を行った分析結果は,ほとんどない。2000年代になり,日本の製造企業の多角化戦略は大きく変化していると考えられるため,実証分析結果の提示が必要である。

従来の多角化研究の多くは,企業単位のデータを用いて分析を行っている。しかし,多くの日本企業は,詳細な事業分野別の売上データを公表していない。そのため,過去の多角化研究では,データ収集上の制約から,多くても100社程度を分析対象としており,また,詳細な定量分析を行うことが困難であった。この点,実は,前述のように日本では多角化に関する統計データは長

年整備されてきた。これらの統計データは，わが国の大企業のみならず中小企業も対象とした大規模な調査に基づいており，詳細かつ客観的なデータとして扱うことが可能である。また，統計法に基づく指定統計でもあるため，企業は細心の注意を払って記入することが義務付けられている。集計も厳正になされており，データの信頼性は十分に高い。

具体的には，日本では，多角化に関する2種類の統計データある。1つは，研究開発費の多角化統計として，総務庁統計局「科学技術研究調査報告」がある。この統計は，1970年から各企業の製品分野別研究開発投資を調査し，それを産業別に集計している。たとえば，鉄鋼業を本業とする製造企業であっても，本業である鉄鋼製品のみならず，化学製品，通信・電子製品等について，それぞれ研究開発投資を行っている。これらの研究開発費を製品分類ごとに統計表に報告することになっている。これを産業別製品別に集計した結果が統計表として公表されている。

もう1つの多角化統計として，事業の多角化統計が経済産業省により公表されている。上記の研究開発の多角化統計に遅れて，1985年から工業統計表，1991年度からは企業活動基本調査により集計されている。工業統計表は隔年，企業活動基本調査は当初3年毎に調査が実施されていたが，近年では毎年調査が行われている。企業活動基本調査の多角化データは，産業別事業分野別に集計され，データが広く一般に公開されているが，学術研究利用として，経済産業省への申請が認められれば，各企業の個票データの入手が可能である。筆者は，この個票データを申請の上，入手し，企業別のデータを用いて分析を行った。企業活動基本調査は全国を調査対象とし，中小企業も含めてデータを集計しているため，本研究の分析対象企業数は，全製造企業で13,322企業である。また，2008（平成20）年度の調査データを用いた。

まず，製造業の多角化の状況を把握するため，各企業の事業別の売上高比率を算出し，産業単位で平均値を算出した。なお，企業活動基本調査は産業分類を三桁で分類しているが（たとえば，091畜産食料品製造業，092水産食料品製造業，093精穀・製粉業，099その他の食料品製造業），分析結果を分かり

やすくするため，冒頭の二桁が同じ産業であれば同じ産業分類に統合し（たとえば，上記の4産業は食品製造業に統合），25産業で事業別の売上高比率の平均値を算出した。

次に，各企業の売上高比率と収益性との関係を検証するため，売上高経常利益率を被説明変数，各企業の事業別売上高比率を説明変数とした重回帰分析を行った。なお，多角化と収益性に関して解析を行った既存研究では，説明変数として，幾つかの指標が加えられている。本研究においても，以下の説明変数を加えて重回帰分析を行った。具体的には，売上高研究開発費率は各企業の技術力を示す代理指標と考えられるため，収益性に正の影響があると想定できる。また，規模の利益は一般に広く知られていることから，各企業の売上高を説明変数として加えた。売上高は対象企業間のばらつきが大きいため，対数によりデータの規格化を行った。

以下にデータサンプル数，説明変数及び被説明変数の定義を示す。

【データサンプル数と変数の定義】

データサンプル数：13,322企業（2008年度調査におけるデータ収集可能な全製造企業）

売上高経常利益率：経常利益／売上高

売上高研究開発費比率：研究開発費／売上高

企業規模：$\log_{10}$（売上高）

売上高比率：各企業の事業別の売上高／各企業の総売上高

各事業の売上高比率の全製造企業における平均値を示す（図表1）。当然ながら，本業である製造・加工事業の売上高比率が最も高く94.1％となったが，多角化の状況を把握するため，図表1からは除外している。製造業以外の売上高比率は相対的に低く，もっとも比率の高い卸売・小売事業の売上高比率でも2.7％程度であった。また，近年，製造業のサービス化が期待されているが，サービス事業の売上高比率（図中サービス化比率）は全体の平均値でみると

図表1　事業分野別売上高比率の平均値（製造業全企業の平均値）

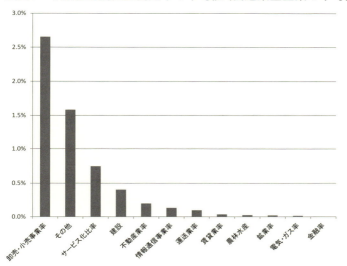

1％以下と必ずしも高くない。

　また，サービス化比率は，産業別に大きくばらつきがある。図表2に，産業別に各企業のサービス化比率の平均値を示した。最も値の高い「その他輸送機械」産業では，1.6％程度であり，もっとも低い産業では，0％となっている。全体的な傾向としては，最終消費者に近い加工組立産業のサービス化比率が高く，産業用資材を提供している素材系産業などはサービス化比率が低いことが分かる。

　次にそれぞれの売上高比率が収益性とどのような関係があるのかを明らかにするため，売上高経常利益率を被説明変数とした重回帰分析の結果を示す。前述のように「企業規模」，「売上高研究開発比率」，「製造・加工事業の売上高比率（表中，本業率）」，多角化分野の売上高の比率が比較的高い「卸売・小売事業の売上高比率（表中，卸売・小売事業率）」「サービス事業の売上高比率（表中，サービス化比率）」及び「建設事業の売上高比率（表中，建設業率）」を説明変数として用いた。

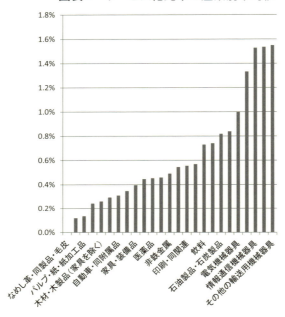

図表2　サービス化比率の産業別平均値

図表3　売上高経常利益率を被説明変数とした重回帰分析結果

変数 結果	企業規模	研究開発 費比率	本業率	卸売・小 売事業率	サービス 化比率	建設業率	切片
係数	0.285	−19.4	−0.318	−0.328	0.538	−0.646	−0.535
t値	20.8	−72.3	−2.75	−2.15	2.38	−2.39	−4.34
有意水準	1%	1%	1%	5%	1%	5%	1%

（注）　決定係数（修正済み）：0.283
　　　各説明変数間の相関係数は低く，多重共線性の問題は無い。

　図表3によれば，企業規模に対する係数は有意に正の値を示している。しかしながら，研究開発費比率と本業率の係数は，有意に負の値を示す結果となった。多角化と収益性との関係では，サービス化比率の係数は有意に正の値となっているが，卸売・小売事業率，建設事業率の係数は有意に負の値となった。

以上の分析の結果，製造業のサービス化は十分に行われていないが，サービス化比率が高いことが収益性に関係している。その一方で，研究開発費比率と本業の売上高比率が高い企業ほど収益性が低い傾向にあり，正に前述のように「ものづくり」の競争力が低下していることが示唆される。それゆえに製造企業のサービスイノベーションが期待されているのである。

3. 機能の経済

前述のようにサービスイノベーションのキーワードは事業者視点から利用者視点での付加価値であること，そして新しいビジネスモデルの創出が期待されることである。この点，利用者の視点を重視してビジネスモデルの転換を行う「機能の経済」という考え方が提唱されている。

White et al（1999）は，「機能の経済」という考えに基づいて，サービサイジング（serviceという言葉にingを付与した造語であり，「サービス化」を意味している）というビジネスモデルの転換というイノベーションを提示した。この機能の経済においては，まさに事業者視点ではなく，利用者視点からの機能に着目する。たとえば，企業や家庭の消費者は，洗濯機の代わりにクリーニングのサービスを，写真複写機ではなくコピーサービスを，自動車より移動サービスという「機能」が重要であると言う。そして，このような製造からサービス事業への転換は，グリーン経済を生み出す可能性があるとし，環境保護の観点からも社会全体に便益があると指摘した。

すなわち，顧客がメーカーから製品を購入するのは，製品機能を得るためであり，一定程度以上の機能が得られる製品量で十分である。しかし，従来の「物売り」のビジネスであれば，メーカー側はできるだけ多くの製品を販売したいという動機があり，一方，顧客も常時機能を満たすために，必要以上の製品を購入してしまう可能性がある。その製品を使い切れば問題はないが，結局，使い切れない製品は廃棄物となってしまう。そこで，メーカー側が顧客に必要十分な「機能」を提供するというサービス事業に転換すれば，顧客は必要

十分な量のみを発注することになり，顧客は要求する機能を満たす一方で，必要以上の製品は製造されないため，結果的に廃棄物を減少させることができるというイノベーションである。顧客へ製品を販売するビジネスモデルから，サービスを提供するビジネスモデルに変換することで，サービサイジングと呼んだのである。

続いて，Reiskinら（2000）らは，サービサイジングの具体的事例として，化学物質のサプライチェーンの事例を紹介している。顧客は，化学物質を購入するのではなく，サービスプロバイダーに購入量，使用，そして，管理に関するサービスを購入する契約をする。これにより，顧客は，購入量を削減し，管理コスト，廃棄コストを削減するメリットが得られる。従来メーカーであった企業においても，製品メーカーとしてではなく，サービスプロバイダーとして継続的に収益を上げることができ，競争優位の源泉となり得ると指摘している。

サービサイジングの最大の特徴は，顧客に提供する機能が維持あるいは向上することに着目して，イノベーションが実現されることにある。もちろん，顧客に提供される機能は様々であるが，上記の事例では，顧客は必要以上の製品を発注せず，環境負荷の低減という付加価値が含まれている。顧客がこの付加価値を評価すれば，従来メーカーだった企業にとっても，サービサイジングによって，差別化が実現できたと評価できるということになる。以下，より身近な日本企業のサービサイジング及び顧客の付加価値が高まったビジネスモデルの事例を紹介しよう。

4. 日本企業の具体的事例

(1) あかり安心サービス

既存研究におけるサービサイジングの事例の多くは，欧米企業の事例であるが，日本企業においても，サービサイジングの事例は存在する。代表的な事例が松下電器産業株式会社（現在のパナソニック株式会社であるが，事業開始当

時の名称として，以下「松下電器」）の「あかり安心サービス」[1] である。

あかり安心サービスは，ビルの経営者を対象とした「照明」という機能を保証するサービスである。同社は，周知のとおり，電気機器を販売する大手メーカーである。メーカーの従来のビジネスモデルは，蛍光灯などの照明機器を販売することである。そのため，「あかり安心サービス」は，蛍光灯を販売するビジネスモデルを「あかり」という機能を保証するサービスに転換するサービサイジングの事例である。

このサービスでは，蛍光灯などの照明機器の所有権は顧客に移転せず，同社あるいは代理店が保持し，適切な照明機器をビルに取り付け，利用時のアドバイスから廃棄までを担う。ビル経営者にとっては，照明機器を購入するのではなく，照明の使用量に基づいて料金を支払う契約を結ぶ。そのため，初期コストが削減できるだけでなく，適切な照明量により，過剰な電気代を抑えることで[2]，ランニングコストが低減し，さらには，廃棄物処理コストが不要になるメリットがある。近年，ビルのオーナー企業あるいはビルを借り受けるテナント企業は，一般に環境管理マネジメントシステムの国際規格であるISO14001の認証を受けている。これらの企業では，継続的な環境負荷の低減が必要であるが，「あかり安心サービス」は，そのニーズに対応できる。とくに，照明機器の所有権が顧客企業に移転していないため，照明機器の排出者責任の回避，産業廃棄物の排出量が削減できる。

松下電器にとっては，直接的には，蛍光灯の販売ではなく「あかり」というサービスを売ることになる。ただし，新しいビルが顧客の場合には，松下電器の蛍光灯をレンタルするため，一定の蛍光灯の製造・販売量を確保できる。既存のビルが顧客の場合には，既に備わっている蛍光灯の所有権を松下電器が引き取り，代理店への蛍光灯販売を通じて，サービスを提供している。使用済みの蛍光灯については，代理店が交換・回収し，中間処理業者まで運搬するサービスを行う。

製品を販売するビジネスモデルがサービスを売るというビジネスモデルに変換していることから，あかり安心サービスは，まさにサービサイジングの事例

であると考えることができる。顧客企業は初期コスト，廃棄物処理などに関わるライフサイクルコストなどが削減できるため，顧客企業の競争力に資するイノベーションであり，また，廃棄物管理が効率的になされるため，環境負荷低減にも貢献するイノベーションである。同社がこのサービスに取り組むきっかけは，ビル照明におけるシェア争いの激化により，占有率の落ちている蛍光灯販売に新しい付加価値を付ける必要が生じたためである。そのため，必ずしも環境保護を第1の目的としたものではない。ただし，前述のように，ビルのオーナー企業あるいはテナント企業などの顧客企業において，環境保護への意識・ニーズが高まっている。このニーズに対応することで，「あかり安心サービス」は，配慮型のビジネスという新しい付加価値をアピールできたと考えられる。結果的には，同社の事業の差別化に大きく寄与し，環境保護も実現したイノベーションである。

(2) 佐川急便のSRC構想

　サービサイジングではないが，ビジネスモデルの革新により，顧客に従来以上の付加価値を提供した事例として，佐川急便株式会社の事例がある。具体的には，同社は，SRCと呼ばれる物流拠点を設け，いわゆるサード・パーティー・ロジスティクスを提供している。これは，従来，別の企業が異なる場所で行っていた商品の検収・在庫・ピッキング・値付け・出荷検品・梱包・出荷のプロセスを同じ場所で実施することである。たとえば，洋服の流通を考えると，従来は，商品がメーカーから小売店までに流通する過程において，加工，ピッキング，ボタンつけ，値札つけという過程が存在し，それを別々の企業あるいは，同じ企業であっても別の場所で行うことが多かった。それゆえに「運搬」が必ず介在し，手間と時間，すなわち，コストがかかるだけでなく，環境負荷が大きかった。同社は，これらの過程を全てセンター内で同社が実施することとし，メーカーから同社のセンターだけを経由して，直接小売店に出荷できるビジネスモデルを構築したのである。

　SRCは，これらのビジネスモデルの転換により顧客の利便性を大幅に向上

し，また，物流コストを低減させることを可能にした。さらに，運航距離が大幅に削減することにより，トラックの燃料消費が削減され，CO_2の排出が減ることになる。顧客としては付加価値が向上するが，同社の競争力向上に貢献したイノベーションであると考えることができる。

5. 機能イノベーション

前節の (1) では，日本企業の身近なサービサイジングの事例を紹介した。このサービサイジングは，文献によって定義がまちまちであるが，「製品の販売から物を基準としたサービスを提供するビジネスモデルの転換」であると考えることができる。しかし，サービスイノベーションの観点からすれば，この定義は狭すぎる。また，佐川急便のようなイノベーションは，ビジネスモデルの変革であるが，そもそもの同社の事業がサービスであり，定義上，サービサイジングに含めることができない。

イノベーションという概念の重要性を提唱したSchumpeter（1934）は，イノベーションの類型として以下の5類型を提示した（括弧内は筆者の解釈である）。

① 財貨（製品）のイノベーション
② 生産方法のイノベーション
③ 販路（流通）のイノベーション
④ 原料・半製品の供給源のイノベーション
⑤ 独占的地位（組織）のイノベーション

ここで，①は，いわゆるプロダクトイノベーションであり，②は，いわゆるプロセスイノベーションである。サービスイノベーションについては，これらの形態のいずれも含まれない。

実は，これらのイノベーションの類型は，イノベーションの「手段」による

類型化であり，顧客からの視点に立った類型化ではない。前述のサービサイジングの意義は，従来の製品販売という「ものを売る」ビジネスではなく，「機能を売る」ビジネスに着眼するというものである。すなわち，「機能」の向上を目的としたイノベーションであるということが重要であり，そのための手段が製品販売ではなく，サービス販売が適している。ただし，サービスに転換する以外の手段でも，機能を向上させるイノベーションは存在する。そこで，手段を問わず，機能を向上させるイノベーションことが重要であり，ここでは，機能イノベーション（functional innovation）という考え方を提唱したい。

　新しい製品を創出する「プロダクトイノベーション」は，製品を基点としたイノベーションであり，また，プロセスの改善といった，プロセスを基点としたイノベーションが，プロセスイノベーションである。機能イノベーションは，プロダクト・プロセスの手段を問わず，機能の維持向上のみに着目して，イノベーションを実現する類型である。

　ここで，顧客に提供する機能は数多くあるが，コストの低減，生産性の向上，あるいは，環境の保全などが考えられる。このような複数の機能がイノベーションの実現によって，向上する。

　この考え方をより理解するため，イノベーションの定義から再検討してみよう。実は，イノベーションの定義もシュンペーター以降多様な考え方が提唱されている。前述のSchumpeterは，イノベーションを知識の新結合と提唱したが，その後，新技術に基づく，製品やサービスをイノベーションとする定義が多く提示された。たとえば，Pavitt（1984）は，イノベーションを「成功裡に商業化可能な，新しい，または，より良い製品あるいはプロセス」であると定義した。また，Hippel（1988）も「最初に市場に出された製品・サービス及び最初の製品・サービスが出てからその性能を向上させ，商業化されたもの」であるとした。しかし，ここで繰り返し指摘しているように新しいビジネスモデルを創出することも重要なイノベーションである。この考え方に基づいて，イノベーションの範囲をより広く捉える研究者も少なくない。たとえば，Afuah（1998）は，「顧客が望む新製品や新サービスを提供するための新しい

知識の利用」，小川（2000）も「顧客が持つ問題の解決のための，新しい情報の利用」をイノベーションと定義している。

本章で紹介したサービスイノベーションの事例も，イノベーションを広く捉える概念が適当である。そこで，「顧客の問題解決の実現」をイノベーションと定義する。とすれば，機能イノベーションとは，「顧客に提供する機能を維持向上して，顧客の問題解決を実現すること」であると考えることができる。

6. まとめ

冒頭で述べたようにサービスの定義は幅広く，その事業形態は多様である。ただし，重要なことは，従来の製品提供者の視点ではなく，顧客視点に立って，「顧客に提供する機能を向上して，顧客の問題解決を実現する」ことであると考えられる。特に製品提供や流通形態におけるビジネスモデルの変革がサービスイノベーションにとって大きな鍵となることが既存研究により，数多く指摘されている。

サービスイノベーションは，必ずしも，大企業だから可能というわけではない。顧客のニーズをきめ細かく把握している中堅・中小企業においても，顧客からみて付加価値の高い機能を提供することは実現可能であると考えられる。サービスの形態は多様であるが，イノベーション概念も広く捉えることで，サービスイノベーションを実現することが期待されているのである。

【注記】
(1) 事業当初は，松下電器産業株式会社があかり安心サービスを運営していたが，2005年1月以降，組織変更に伴って，松下電工株式会社電材マーケティング本部が管轄している。
(2) 使用状況によっては，必ずしも電気代を抑えることにつながらない可能性もある。

【参考文献】

Afuah, A. (1998) *Innovation Management: Strategies, Implementation, and Profits*, Oxford University Press.

Allen L. White, et al. (1999) *Servicizing: The Quiet Transition to Extended Product Responsibility*, Tellus Institute.

Christensen, H.K. and Montgomery, C.A. (1981) "Corporate economics performance: diversification strategy versus market structure," *Strategic Management Journal*, 2(4), 3.

Edward D. Reiskin, et al. (2000) "Servicizing the Chemical Supply Chain," *Journal of Industrial Ecology*, Volume 3, Number 2 & 3.

Gemba, K. and Kodama, F. (2001) "Diversification Dynamics of the Japanese industry," *Research Policy*, 30(8).

Kodama, F. (1995) "Emerging Patterns of Innovation, Sources of Japan's Technological Edge," *Harvard Business School Press*.

Markides, C.C. (1995) "Diversification, Refocusing and Economic Performance," *Strategic Management Journal*, 16(2).

Montgomery, C.A. and Wernerfelt, B. (1998) "Diversification, Ricardian rents and Tobin's q," *RAND Journal of Economics*, 19(4).

Pavitt, K. (1984) "Sectoral patterns of technical change, towards a taxonomy and a theory," *Research Policy*, 13.

Rumelt, R.P. (1974) "Strategy, Structure and Economic Performance" *Harvard University Press*.

Schumpeter, J.A. (1934) "The theory of economic development: an inquiry into profits, capital, credit, interest, and the business cycle," *Harvard University Press*.

Von Hippel, E. (1988) *The sources of Innovation*, Oxford University Press.

今井賢一・後藤晃・石黒恵(1975)『企業の多様化に関する実証分析』日本経済開発センター

小川進(2000)「イノベーションの発生論理―メーカー主導の開発体制を越えて―」白桃書房

三省堂『大辞林(第三版)』

総務省(2013)『ICTコトづくり検討会議報告書』

吉原英樹・佐久間照光・伊丹敬之・加護野忠男(1985)『日本企業の多角化戦略―経営資源アプローチ』日本経済新聞社

# バリューチェーンマネジメント

1. 品質・機能から価値創造へ

　本章では，現代ビジネスの最重要課題「価値創造」についてお話しする。新しい価値を発見・創出し，顧客に提供できた企業が発展する一方で，高い技術力を持っていても価値を創造できない企業は凋落していく。本章では，「価値創造」を競争力のあるハード・ソフト・サービスを創造して経営戦略を実現するオペレーションととらえて，価値の本質，価値発見，価値の実現について説明していく。

　そして，価値創造をビジネスの場で実現するのがバリューチェーンマネジメントである。バリューチェーンマネジメントは，どこで，だれが，どのように技術や製品・サービスを開発・製造・供給するかを最適設計・最適管理運営する方法論である。事業環境とビジネスモデルに適合したバリューチェーンを構築できた企業は，急速に市場シェアを伸ばし，主導権を握ることができる。本章の後半部では，このバリューチェーンマネジメントについて説明する。

　日本の製造業の強みは，QCサークルに象徴される現場の品質向上活動によって達成される品質だった。しかし，モジュール化，デジタル化や技術進歩によって多くの製品・サービス分野において「品質」は達成できて当たり前のものになりつつある。差別化の主戦場は品質から価値に移ろうとしている。

　日本企業も，技術でも，品質でも，機能でもなく，価値創造を目的として，価値創造のために技術，品質，機能を設計する発想の転換がなければ衰退してしまうだろう。

図表1　バリューチェーンの全体像

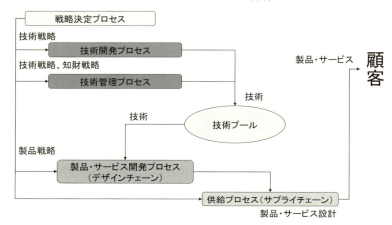

（出所）価値創出マネジメント講義資料（青山敦）

2. 複雑化する価値と価値創造

　よく，「良い品を安く」と言われるが「良い品」とは何だろうか，品質が良いことだろうか。品質管理の基本は，製品の欠陥数を一定値以下に抑えることにある。しかし，品質管理し，目標数値を達成したとしても，その製品やサービスが市場や顧客に受け入れられなかったら，その製品やサービスが成功したとはいえない。市場や顧客に受け入れられる基準，それが価値である。品質や機能が企業観点であるのに対し，価値は顧客観点の基準である。顧客満足こそが価値であり，製品やサービスの価値を決めるのは企業ではない。

　価値にはその価値の受け手としてのステークホルダーが必ず存在する。まずあげられるステークホルダーは顧客であるが，それだけではなく次に示すステークホルダーと各ステークホルダーにとっての価値が存在する。

1. 顧客：品質・機能，価格，配達
2. 従業員：安全性，労働負荷，生きがい

3. 取引先：購買条件，価格，技術力向上
4. 社会（CSR）：環境負荷，安全性，情報開示
5. 企業：他のビジネスとの整合性・シナジー効果，経営戦略との整合性
6. 株主：利益，配当
7. アライアンスを組む企業：自社のビジネスの発展

このように，品質・機能，価格，配達，安全性，環境負荷，情報開示，戦略整合性など多様な価値がある。その中でも，近年，重要性が増しているのは，持続的発展（サステナビリティ）のための企業の責任である。企業はもはや地球環境の制約を考えずに行動することは許されず，人々の安全で安心な生活環境を維持しつつ事業活動を行うことが求められる。そのために，LCA（Life Cycle Assesment）に基いて，製品ライフサイクル全体で環境負荷やリスクを最小化する環境配慮型設計や安全配慮型設計の導入が進んでいる。

また，サービスの複雑化や製品のソリューションビジネス化の進展によって，価値創造にかかわる企業間連携も進展しているが，そのような事業を持続的に成り立たせるためには，各企業が自己の価値を見いだせるビジネスモデル

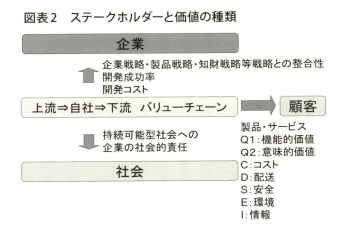

図表2　ステークホルダーと価値の種類

（出所）価値創出マネジメント講義資料（青山敦）

やバリューチェーンの設計が必要となる。

　また，顧客とっての価値も，機能的価値（利用することで利便性が得られる）だけでなく，認識的価値（知る喜び，成長する喜び，好奇心がわく喜び），感情的価値（愛情がわく，楽しい体験），社会的価値（ステータスシンボル，自慢できる），イメージ的価値（自分や他人から良いイメージを持たれる）など，より直接的でない価値の重要性が増している。

3. 3つの品質と価値創造プロセス

　それでは，製品やサービスの価値はどのようにして創造されるのだろうか。製品やサービスの価値を決めるのは，製品やサービスを作り出すプロセスと，そのプロセスの能力・効率を向上させ，環境変化に応じて変更するPDCAサイクルである。

　製品やサービスが価値を提供できない場合として次のようなものが考えられる。

1. 顧客ニーズ（顕在的，潜在的）を捉えていなかった
2. 顧客ニーズを設計に反映できなかった
3. 環境や社会への影響を予測できなかった
4. 環境や社会への配慮を設計に反映できなかった
5. 設計どおりに製造できなかった
6. 製造したものを顧客に正しく届けられなかった
7. 製品使用中の事故を予測できなかった
8. 製品廃棄後の影響を考えていなかった

　このような失敗は，すべて製品やサービスを創り出すプロセスやPDCAサイクルの欠陥に起因する。これらのプロセス，サイクルを適切に設計することが必要である。

それでは，そのプロセスはどのような段階からなるのだろうか。製品・サービスを創り出すプロセスは，望まれる品質（要求品質）（顧客が本当に製品・サービスに対して望む理想的な品質）を捕捉するプロセス，設計された品質（企画品質）を制約条件（物理科学的・技術的・物理化学的・コスト的・時間的，社会的受容制約）を考慮しつつ実現可能なものとして決定するプロセス，提供される品質（製造品質）（客が体験する品質）を製造によって実現するプロセスの3段階よりなる。各プロセスの目標及びそのため活用されている方法を次に示す。

1. 価値捕捉プロセス：要求品質を的確に補足する
    - リードユーザーイノベーション
    - リーンスタートアップ
    - マーケティングリサーチ
2. 価値設計プロセス：要求品質と企画品質のずれを可能な限り減らす。企画品質の決定に当たっては，必要かつ十分な制約条件の補足と考慮を行う
    - デザインレビュー
    - QFD
    - TRIZ
    - VE
    - ラピッドプロトタイピング
3. 価値提供プロセス：企画品質と製造品質のずれを可能な限り減らす
    - 統計的品質管理
    - タグチメソッド
    - サプライチェーンマネジメント

さらに，これらのプロセス相互の目的達成が容易になるように連携させるためのコンセプトとして次のようなものがあげられる。

①技術開発と製品開発の分離

技術開発は，最終的な成果物の予測が困難である。また，技術的問題の解決にはブレークスルーが必要だが，ブレークスルーにかかる時間の予測は困難である。技術開発の過程で得られた知見により目標やアプローチが変わっていくのが普通である。一方，製品開発は，明確な目標イメージ（製品・スケジュール・コスト・マーケット）が必要である。従って，技術開発が必要な未完成の技術の使用を前提として製品開発を行うのは，大きなリスクを伴う。製品開発は，確立した技術をベースとして行うべきである。

②フロントローディング

上流工程で決定されることが，下流工程の効率に大きく影響する。下流工程における設計自由度は小さい。上流工程における設計変更コストは小さいが，下流工程での設計変更コストは大きい。したがって，上流工程において，できるだけ多くの評価基準について，できるだけ詳細に評価して設計するのが良い。たとえば，製品開発プロセスの上流工程で，製品機能だけでなく，製品の製造しやすさや環境負荷を考慮して設計を行うことが望ましい。

③コンカレントエンジニアリング

全体業務を構成する組織間，要素業務間において，業務手順の規格化，情報の内容と表現の規格化による情報共有（知識・情報の構造化）と共有情報の各業務での意思決定への活用によって，同時並行的な業務遂行を可能とする。全体としての効率化，最適化を可能とする。

④ナレッジマネジメント

組織内部や組織間で情報共有を行い，業務を効率的に行う。そのために情報の収集・蓄積・抽出・変換・伝達・活用の仕組みを構築する。垂直方向では，戦略立案とオペレーション，技術開発とオペレーション間の情達共有が考えられる。水平方向では，マーケティング・製品開発・製法開発・製造・サプライ

図表3　ナレッジマネジメントにおける情報共有のパターン

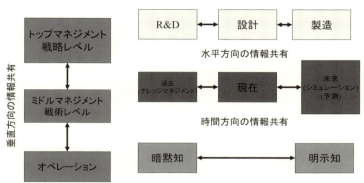

（出所）価値創出マネジメント講義資料（青山敦）

チェーンなどバリューチェーン上の情報共有によるリーンマニュファクチャリングやグリーンサプライチェーンといったコンセプトがある。また時間軸方向では，過去の成功失敗事例の戦略立案・技術開発・オペレーションへの活用といった失敗学的アプローチやビッグデータを活用したモデリング・シミュレーションによる予測などのコンセプトがある。最近では，大量に収集されたビッグデータに，統計・データマイニング・テキストマイニングを適用して有効情報やパターンを抽出するといったこともビジネスの現場に導入されつつある。

　組織間の情報共有としては，企業と大学の情報共有による産学連携，企業間技術情報共有によるオープンイノベーション，オープンビジネスモデルや，顧客との情報共有によるリードユーザーイノベーションなども実用化しつつある。とりわけ，革新的製品のマーケティングは難しく，ユーザーを製品企画に巻き込む方法が有効と考えられている。

図表4　QFD（品質機能展開）

3次	2次 一次	辺部					ゴムバンド部				ガラス部					形状				環境・安全問題対応性		プラスαの機能	
		水透過遮断性	紫外線透過性	肌触り感	耐久性	柔軟性	密着性	伸縮性	紫外線透過性	耐久性	滑らかさ	調整しやすさ	紫外線透過遮断性	水中視覚透過性	陸上視覚透過性	湿度調整性	硬質調整性	耐久性	コンパクト性	汚れ吸収性	内表面防汚能力	清潔性	デザイン性	リサイクル性	環境無害性	人体無害性	動画表示	タイム数記録機能

（水中用ゴーグル）

一次：
- ゴーグル内に入り込むのを確実に防げる
- 硬実にビッタリフィットする
- 長時間ゴーグルをかけていられる
- はずしたゴーグルを気軽に持ち歩ける
- 利用が容易である
- 廃棄まで安心してつかうことができる
- 長期間にわたって一生利用するゴーグル
- 環境に負担をかけない
- 役立つ機能をゴーグルで使える

（出所）価値創出マネジメント講義資料（青山敦）

4. システマティックな製品・サービス設計：QFD, VE, TRIZ, タグチメソッド

　価値創造プロセスの内，企画品質を創り出す製品・サービス設計を行う価値設計プロセスについて，さらに詳しく見てみる。製品設計とは，主観的，定性的な顧客要求（要求品質）を客観的，定量的なあるべき製品の定量的に評価できる記述に変換する過程である。製品設計のプロセスは，構想設計と詳細設計の2段階にさらに分けられる。

　構想設計段階に入る前に，直接管理可能な要素（品質要素）を決定する。その際，要求品質をもれなく考慮することが重要である。そのためにQFD（品質機能展開）がある。行に目的とする品質（要求品質）を，列に直接管理可能な要素（品質要素）を記入した二元表（品質要求展開表）を用い，互いの関係付けから重要性の高い品質要素は何か（＝設計段階で何をコントロールすべきか）を明らかにする。1960年代に，赤尾洋二，水野滋の両氏が開発した。この目的で使用されたのは三菱重工業の神戸造船所が始めてである。

　営業，マーケティングが顧客から獲得した情報が，設計に伝えられなければ設計に反映されることはない。部門間のコミュニケーションのために概念と概念を結ぶ表現が，QFDである。概念間が本当につながっているのか見える化しチェックしたい，同じ言葉を使っているが本当に同じ概念か，など他部門とのコミュニケーションギャップを認識するコミュニケーションツールでもある。

　品質要素が決定されたら構想設計に入る。構想設計段階では，重点な品質要

図表5　バリューエンジニアリングによる価値向上パターン

(1)コストダウンによる価値向上価値(↑)＝機能(→)／原価(↓)
(2)機能向上による価値向上価値(↑)＝機能(↑)／原価(→)
(3)コスト上昇以上の機能向上価値(↑)＝機能(↑↑)／原価(↑)
(4)コストダウンしつつ機能も向上価値(↑↑)＝機能(↑)／原価(↓)
(5)機能は下がるが劇的にコストを下げる価値(↑)＝機能(↓)／原価(↓↓)

(出所)　価値創出マネジメント講義資料（Wikipediaの情報をもとに青山敦が作成）

素の特性の達成に注力する。既存設計をベースにできる場合，この段階で活用できる設計方法論にバリューエンジニアリングがある。バリューエンジニアリングでは，価値（V）＝機能（F）／原価（C）という考え方を基に，既存設計の機能を精査して，より安価に機能を実現する手段を探索したり，必要でない機能を削除したりする。それにより部品点数削減による原価低減，構造単純化による製造性向上，故障減少を実現する。

　一方で，品質要素の大幅なレベルアップが必要で，既存の設計では目標達成が困難な場合に活用される方法として，TRIZがある。TRIZは，ロシアで生まれた工学的問題解決法で，技術の問題解決をサポートする，特許を分析することによって開発された手法である。TRIZは，既存システムの抜本的改良のための，体系的な創造プロセスを示す。

　特定の問題➡TRIZの一般的問題➡TRIZの一般的解決策➡特定の問題に対する解決策という基本的なプロセスに従って設計者の発想を支援する。解決策として，①技術的矛盾・発明原理，②物理的矛盾，③物質場分析・発明標準解，④技術進化のトレンドなどがある。

　構想設計の後に詳細設計に入るが，この段階で重要な考え方は，ロバストデ

図表6　TRIZによる問題解決のコンセプト

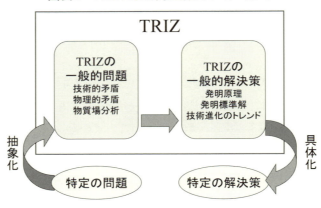

（出所）価値創出マネジメント講義資料（青山敦）

図表7　タグチメソッドの技術哲学

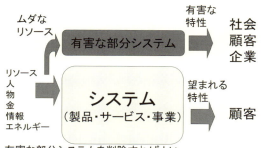

(出所) 価値創出マネジメント講義資料 (青山敦)

ザインである。ロバストデザインとは，製造段階での原料や製造条件のばらつきや使用環境の変化にもかかわらず所期の製品仕様を満足するような設計である。そのための詳細設計の方法論が，タグチメソッドである。タグチメソッドは，従来のチャンピオンデータ主義に対するアンチテーゼとも言える方法であり，ノイズの効果を最小化しながら，要求される機能を向上させていく設計プロセスである。この設計プロセスは2段階よりなる。

　第1段階：非線形のパラメータで，ロバスト性を向上させる
　第2段階：線形のパラメータで，目標値にチューニングする

「チャンピオンデータで機能を設計した後に，バラツキの要因を究明して，バラツキを抑える」という不毛で技術者を不幸せにする手順ではなく，バラツキの無い設計を見つけてから，機能を合わせていく。システムへのインプットを望まれる特性の生成にだけ使うので，品質が良く，コストが安く，環境負荷も低いシステムが可能になる。タグチメソッドを適用しても，このようなシステムが設計できない時は，構想設計の筋が良くなかったと考えて，構想設計段階からやりなおす。

5. バリューチェーンマネジメントとは何か

　本節以後では，前節まで説明してきた，価値創造プロセスをビジネスの場で実現するバリューチェーンマネジメントについて説明する。バリューチェーンマネジメントとは，事業環境・競争環境と，自社のリソースを考慮した勝てる経営戦略を実現するために，CRM，アライアンス・製品設計（モジュール化），購買方針，調達経路を管理する概念である。戦略レベルにおいては，顧客価値を創造し，顧客満足と利益を最大化することが目的である。そのために，商品・情報・財の流れの見える化と最適化を行う。本章では，価値を創出するためのバリューチェーンとその活動を設計する方法について説明する。

　バリューチェーンは，顧客の要求を受けて，顧客を満足させるためのすべての工程（商品開発，マーケティング，製造，供給，財務，顧客サービス）よりなる。バリューチェーンマネジメントは，ロジスティクスの概念から出発しているが，ロジスティクスはもともとは軍事用語であり，戦っている最前線の部隊へ物資を供給し，必要な連絡線を確保する後方支援から来ている。前線のニーズを原点に据えて，必要な物を，必要なときに，必要なところへ，必要なだけ，必要な状態で，しかもできるだけ少ない費用で供給しようとする考え方，あるいは取り組みである。そのコンセプトは以下の特徴を持つ。

1. 視点：組織内の個別の部門を超えた視点を持つ
2. 参画：製造・技術・営業・情報管理，あらゆる部門が参画する
3. 情報共有：部門間で必要な情報を共有する
4. 利益調整：組織全体の最適化のために，部門別の最適化の追求を調整・統合する

　ロジスティクスは，物流システムの仕組みに生産，調達を連動させて市場の動向に即した在庫量を維持するためのマネジメントである。ロジスティクスは，自社の物流活動だけではなく，自社の物流を発生させる生産・調達・販売

図表8　デザインチェーンとサプライチェーン

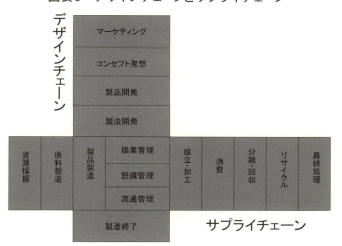

（出所）バリューチェーンマネジメント講義資料（青山敦）

に関わる上下流も含めて考える。

　ロジスティックスから発展した概念として，サプライチェーンマネジメントがある。ロジスティクスの範囲が自社の直近の調達・販売の範囲までを対象とするのに対して，サプライチェーンマネジメントは，それを超えて最終消費市場，さらに最近では静脈物流と呼ばれるリサイクルや廃棄までを対象範囲とする。たとえば，コンデンサなどスマートフォン部品メーカーの場合，スマートフォン組み立てメーカーへの販売動向起点で行うのがロジスティクス，組み立てられたスマートフォンの小売店頭での販売動向起点で行うのがサプライチェーンマネジメントである。ロジスティクスでは，自社の調達先，販売先と自社の範囲内で在庫の発生・配置・移動・廃棄を適正に管理することを目的としている。一方，サプライチェーンマネジメントは，原材料の調達から生産，消費，リサイクル，廃棄にいたるまでのサプライチェーンに参加している企業の全プロセスを統合することでサプライチェーン全体の在庫の発生・配置・移動・廃棄を最適管理することを目的としている。

バリューチェーンマネジメントは，サプライチェーンマネジメントを包含し，サプライチェーンマネジメントが，調達・生産・販売の連鎖を対象としていたのに対して，さらにマーケティング，技術開発，製品開発，製造準備等のデザインチェーンを含む。

従来，サプライチェーンマネジメントは，効率性や柔軟性という戦術的レベルでしか議論されて来なかった。しかし，市場のみならず研究開発から製造に至るまでグローバル化する中で，サプライチェーンマネジメントに，どこでマーケティングし，製品開発，技術開発するかというデザインチェーンマネジメントを統合したバリューチェーンマネジメントは，今や，企業がグローバル競争に勝利するための最も重要な戦略的要素となりつつある。事業環境に合致したバリューチェーンを構築できた企業が，ビジネスにおける主導権を取ることができる。

顧客価値創造活動には，直接顧客に対応している部分だけでなく，その背後の設計・管理が重要という考えのもと，バリューチェーン上の複数企業の多様な活動を，バリューチェーンマネジメントというコンセプトで統一的に取り扱う。

6. 戦略・戦術レベルのバリューチェーンマネジメント

バリューチェーンマネジメントには，戦略レベルのものと戦術レベルのものがある。戦略レベルのバリューチェーンマネジメントは，事業環境・競争環境と，自社のリソースを考慮した競争優位のための経営戦略を実現するために，ターゲットとなる顧客とのCRM，アライアンス・製品設計（モジュール化）・購買方針・調達経路を最適化する。

商品やサービスは，正しい時に，正しい場所へ，正しい状態で，正しい情報付きで顧客に届けられて，初めてその価値を発揮する。また，その際の効率性や柔軟性も重要である。戦術レベルのバリューチェーンマネジメントは，戦略レベルの目標を達成するという制約条件を順守しながら，顧客の潜在的・顕在

的要求の迅速・正確な把握，顧客要求の企画・設計へのフィードバック，生産・販売（需要予測➡在庫計画➡生産計画➡調達計画）を最高のコスト効率・資産効率で実現する。

　たとえば，ZARAは，スペイン・ガリシアのアパレルメーカー，インディテックスが展開するファッションブランド，SPA（製造小売り）であり，世界中に約4000店舗以上を持つが，戦略とバリューチェーンマネジメントの整合性の取れた企業として知られている。ZARAの特徴は，ファッション性の高い商品の短サイクル生産である。流行のデザインをシーズンに遅れることなく，低価格で販売することで競争力を保っている。その戦略にあわせてZARAは，高速で機能するバリューチェーンを持っている。他社では半年以上前からデザイナーが来シーズン向けの商品を開発しているのに対して，約2週間でデザインから製造，流通までを実現し，全世界の店舗に最新作を陳列できるバリューチェーンを構築している。最新デザインを多品種少量生産することで，全製品の85％を定価で売って（業界平均60〜70％）おり，売上高利益率も10％以上となっている。

　このビジネスモデルを実現するために，あえて全量をアウトソースするのではなく，半分は自社生産を維持している。また，生産性を追求するのではなく，あえて余剰生産力を温存している。規模の経済を追求するのではなく，各商品を小ロットで生産・流通している。デザインチェーンの特徴は，スピードと同時性を重視して，情報システムへの投資を惜しまず，すべての段階のコミュニケーションをできる限り速く，直接結ぶことで，材料と商品をあらゆる段階でリアルタイム管理している。デザイナーと製造スタッフのコミュニケーションを重視してデザイナーの仕事場を生産プロセスの中に設け，デザイン・在庫管理・流通もすべて自前で管理することで意思決定が迅速に実現されるようになっている。各商品ラインの意思決定は一元化されており，デザイナー，マーケター，調達担当，生産担当，店長の関係が密である。在庫についての態度は，商品一種類あたりの在庫点数を少なくしており，売り切れても補充はされない。このような商品サイクルにより，消費者に決定権がありがちな商品寿

図表9　ZARAとWal-Martのバリューチェーンマネジメント

考え方	Wal-Mart	ZARA
商品の入れ替わり	比較的ゆっくり	頻繁に入れ替わる
商品投入	在庫削減によるコスト削減 ジャストインタイム	商品の高速での市場投入 不良在庫の削減
在庫管理	在庫切れによる販売機会の損失を恐れる	在庫切れを容認・奨励
バリューチェーン統合	水平分業型	垂直統合型
情報	量的情報（何がどれだけ売れたか）が重要	質的情報（流行など）が重要

（出所）バリューチェーンマネジメント講義資料（青山敦）

命をメーカーが握る形になり、結果的に商品の入れ替わりが激しくなるので、「今のうちに買っておかないと、もう入手できないかもしれない」という消費者の心理を利用することにもつながっている。これらすべてのZARAのバリューチェーンの特徴は、ZARAの応答性による競争戦略と整合性がとれている。（HBR在庫最適化のサプライチューンより）

　一方で、Wal-Martのバリューチェーンは、ZARAとまったく異なる特徴を持っている。Wal-Martは年商が日本円で約54兆円に達する、世界一の小売業である。1962年、米国アーカンソン州ロジャーで誕生したディスカウントストア『ウォーハストディスカウントシティ』から スタートした。圧倒的な品揃えとEDLP（Everyday Low Price）で寡占状態をつくりだした。2014年時点で、米国内従業員220万人のWal-Martは、同業他社と比較して圧倒的な品揃えを誇る、特売を行わないといった特徴を持っている。Wal-Martのバリューチェーンの特徴として卸を介さずメーカー（サプライヤー）との直接取引を行っていることがあげられる。効率・コスト重視のサプライチェーンマネジメントでも有名で、サプライヤーと、需要予測と在庫補充のための共同作業において相互に需要予測や販売計画・実績情報を共有している。さらに、サプライヤーと、需要予測や販売計画・実績情報だけでなく、本来はサプライヤーに

図表10　効率性と応答性のバリューチェーンマネジメント

戦略目標	効率性のバリューチェーンマネジメント	応答性のバリューチェーンマネジメント
全体戦略	コスト最小化	素早い対応
開発戦略	コスト最小化	モジュール化による敏捷性
利益戦略	低利益率	高利益率
製造戦略	コスト最小化	製造量柔軟性
在庫戦略	在庫最小化	即応できる在庫水準
リードタイム	コスト優先	リードタイム最小化
供給者選定	コストと能力で選定	速さ、柔軟性、信頼性で選定

（出所）バリューチェーンマネジメント講義資料（青山敦）

とって企業秘密である生産計画情報も共有している。一方でサプライヤーは，自社製品の販売実績などの情報を引き出すことができ，Wal-Martの店舗ごとの売上高や在庫状況などを閲覧できる。

　なぜ，ZARAとWal-Martで，これほどバリューチェーンマネジメントの設計が異なるのだろうか。それは，両社の戦略の違いに起因する。Wal-Martの商品の特徴と戦略は，他店でも買えるもの，低価格で商品切れが無いように提供するというものである。Wal-Martは効率性重視，ZARAは応答性重視のバリューチェーンと言える。応答性と効率性は一般的にトレードオフの関係にある。

　顧客要求や商品・サービスの特性が変われば，競争戦略が変わり，バリューチェーンマネジメントも変わる。競争戦略とバリューチェーンマネジメントの整合性だけでなく，バリューチェーンの各要素も相互に整合性が取れ，単一の戦略目標に寄与するように設計されていなければならない。

7. バリューチェーンマネジメントの設計コンセプト

　今までの企業は，時系列的に，製品ができたら，どうやって売るか，売れたらどうやって儲けるか，日本で成功したら，どうやって海外進出をするかを考えていた。しかし，現在の高速化，グローバル化するビジネス環境は，製品開発の段階から，どうやって売るか，どうやって儲けるか，海外進出をするかまで設計することを要求している。「できるか」，「売れるか」，「儲かるか」，「国際展開できるか」の4つすべてについて事業創造の段階で目途をつけられてはじめて持続可能なビジネスを成り立たせることができる。

1. 従来型の開発段階のマネジメントは「できるか」に焦点をおいていた。
2. 「売れるか」のためにマーケットインの考え方が導入された。
3. 今後の複雑化した事業環境では，「儲かるか」のためのビジネスモデルも早い時期に作り込まれなければならない。
4. さらに，グローバル化した事業環境では，はじめから「国際展開できるか」も作り込まれなければならない。

　バリューチェーンマネジメント設計のためには，以下を明らかにする必要がある。

1. バリューチェーンマネジメント能力と戦略・ビジネスモデルの関係
2. バリューチェーンマネジメント能力を決める設計要素
3. バリューチェーンマネジメント能力の評価基準
4. バリューチェーンマネジメント成功の阻害要因・リスク

　バリューチェーンマネジメント能力を決める重要な設計要素としては，アウトソーシング，設備，在庫，輸送，情報，調達，価格設定などがある。
　自社のみで業務遂行するのかアウトソースか，あるいはアライアンスを組む

図表11　製品開発段階から「できるか」「売れるか」「儲かるか」「国際展開できるか」を設計

従来の逐次型アプローチ

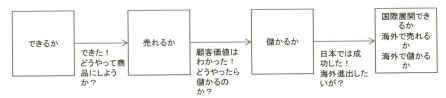

これからのフロントローディングアプローチ

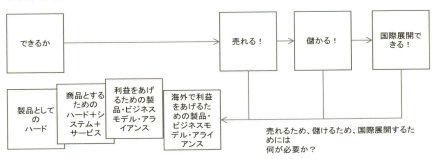

（出所）バリューチェーンマネジメント講義資料（青山敦）

かは重要な要素である。自前技術か技術導入か，社内で製品開発するのか，OEMを導入するかによって，製品品質やデリバリーの速さ，コストなどが変わってくる。アウトソーシングの対象業務として，マーケティングリサーチ，開発，設計，製造，販売がある。

　また，マーケティング拠点，研究開発拠点，製造拠点については，集中して立地するか，分散して立地するのかが，設計要素となる。拠点を分散して配置するにしても，各拠点の役割，場所，容量を詳細に設計する必要がある。

　製造段階においては，ロボットの導入などによる自動化の度合いも設計要素となる。供給段階では，在庫水準（サイクル在庫，安全在庫，季節在庫等）の決定が設計要素となる。また，サプライチェーンの上流や下流との情報共有に

基づくサプライチェーンマネジメントの設計も必要となる。輸送については輸送経路や輸送モーダル，高速の航空機を用いるか，低速の船舶を用いるかも設計要素となる。

しかもこれらの設計要素は，拠点立地が輸送モーダルの決定に影響を与えることからもわかるように，独立して設計することはできない。

バリューチェーンマネジメントに影響を与える外部環境として，下記が考えられる。

① 規制，技術，社会・文化，経済のトレンド
② バリューチェーン上の他企業の動向
③ ステークホルダーからの圧力
④ 競合企業，新規参入企業などからの代替品・代替サービス市場における圧力
⑤ グローバル市場，経済インフラ，資本市場，原料や他のリソースなどマクロ経済指標

製品アーキテクチュアもバリューチェーンマネジメントに影響を与える。製品のモジュール化は，バリューチェーンの各機能を切り分けることを可能にする。切り分けられた機能について，ブロックを積み上げるように組み合わせて事業モデルを作ることができるようになる。モジュール化が可能になることで，アウトソーシングとオフショアリング，EMS（Electronics Manufacturing Service：受託製造会社）と下請会社，国内・海外，垂直統合戦略などの多様な戦略オプションが生み出されてきた。

8. オープン化，グローバル化するバリューチェーン

現在，バリューチェーンマネジメントにおいて，考慮しなければならない，

2つの重要なトレンドがある。

その1つは，開発段階におけるオープン化である。今までの日本の製造業の価値創造は，中央研究所で技術開発した自前技術をベースに，社内の開発チームで製品開発を行うというクローズなものであった。しかし，マーケティングリサーチによって，顧客要求を的確にとらえることが，特にイノベーティブな製品・サービスの開発において困難になっていることから，クローズな価値創造の限界が見えてきた。

たとえば，パナソニックは，産業用ロボットの制御技術を応用した介護ロボットを開発したが，受け入れられなかった。その理由は，腰に負担があっても早く済ませたい，人間に介護してほしいといった要求を捕捉できなかったからである。そこで，発想を転換して，利用者の自立を助けるロボティックベッド（ベッドの一部が電動車椅子に分離）を大学や研究機関，部品メーカーに開放して，医療機関などからのニーズを得て，実験と改良を進めるように開発のプロセスをオープンなものに変えてきている。（出所：介護・福祉ロボット開発・普及支援プロジェクト検討会資料　厚生労働省）

他にも，ムジネットのアイデア・デザイン開発プロセスのように，アイデアを投稿➡アイデアに投票➡デザインに投票➡プロジェクト進捗➡予約➡商品化の決定というような顧客参加型開発や，メルセデスの自社ブランド既存顧客のネットコミュニティから顧客の要求を得るクラウドソーシング的な仕組みなど，ユーザーを巻き込む開発が広がってきている。

もう1つの重要なトレンドは，市場とバリューチェーンのグローバル化である。部品点数の増大，モジュール化の進展など製品構造も複雑化している中で，多くの事業分野で，成熟化する国内市場から新興国市場への販売の中心の移行が進んでいる。海外売上高比率が7割を超える企業も出てきている。バリューチェーンマネジメントも，分散する生産拠点からの国際調達物流という調達・供給のグローバル化への対応と，拡散する市場への国際供給物流という，現地での販売物流，現地ニーズにあわせたローカル化への対応が必要とな

る。

　このような多極分散体制では，調達先が増え，調達条件も複雑になり，集中管理できなくなる。流通がブラックボックス化していくという問題が生じる。新興国市場では，小売りが未整備なため，マーケティング情報把握が困難になることと，需要変動の振れ幅が大きくなることから，在庫量適正化が困難になる。また，バリューチェーンリスクも高まる。たとえば自動車製造には，3万点以上の部品を製造し組み立てるために，2次3次以下の下請けまで含めると数千社の企業が関わる。タイ洪水や東日本大震災の際，部品の調達先が被災し，全世界の製品生産に支障をきたした。地球全体でみると，天変地異や民族紛争により，10か月に1回は生産に影響を与えるような有事が発生していることを考えるとバリューチェーングローバル化のリスク管理は必ず考えなければならない。

　そのための対策として，情報通信技術の活用による，全世界レベルでのバリューチェーンの可視化・分散化・標準化，集権化機能と分散化機能の明確な整理，すなわち本社の決定徹底と現地組織の裁量拡大が実施されてきている。

9. 持続可能性とグリーンバリューチェーンマネジメント

　人間の活動の規模が大きくなるに従って，局所的な居住環境の汚染・悪化の問題だけでなく，地球規模の環境変動の問題が顕在化してきた。

　2001年10月，オランダ税関は，家庭用ゲーム機「PSone」の部品から規制値を超えるカドミウムを検出し，陸揚げを差し止めた。ソニーは欧州向けの130万台の出荷を停止し，部品交換を迫られた。ソニーが出荷再開できたのは2ヵ月後。売り上げは130億円減り，部品交換に60億円を要した。グリーン調達の信頼性に責任を持つものが監督管理するべきという考えが広まりつつある。

　1970年代の公害問題や廃棄物問題への対処方法は，発生の過程を対象とせず，汚染物質の発生後に，その環境への影響を最小化することを目指すという

図表12　グリーンバリューチェーンマネジメント

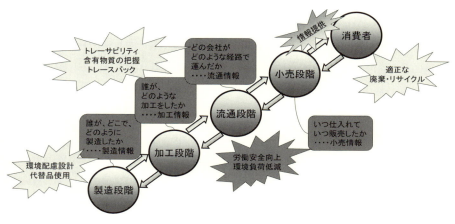

（出所）バリューチェーンマネジメント講義資料（青山敦）

意味で，End of Pipe Technologyと呼ばれる。発生後に汚染物質の環境影響を最小化するEnd of Pipe Technologyは，それ自体にエネルギーや物質の投入を必要とするという意味で理想的ではなく，また汚染物質の環境影響を完全になくすことはできない。

そこで，次のような要素よりなる「包括的な有害かつ危険な製品の不法な国際取引を含む有害化学物質の環境上適正な管理プログラム」が導入されつつある。

1. 科学的リスクの国際的なアセスメントの拡大及び促進
2. 化学物質の分類と表示の調和
3. 有害化学物質および化学的リスクに関する情報交換
4. リスク低減計画の策定
5. 化学物質の管理に関する国レベルでの対処能力の強化
6. 有害及び危険な製品の不法な国際取引の防止

リオデジャネイロ宣言（1992）からヨハネスブルグ宣言（2002）の流れの中で，持続可能社会（サステナビリティ）概念が誕生した。地球環境問題の解決には，資源・エネルギー限界，生態系限界を同時に解決すること，大量生産・大量消費・大量廃棄型の経済システムからの転換，資源・エネルギー限界，生態系限界への対応を産業活動や経済活動のあらゆる面にビルトインした社会システムを構築すること，物質管理においては化学物質やその含有製品をライフサイクルで全体を適正管理することが必要となる。これがグリーンバリューチェーンの考え方であり，各企業もバリューチェーン上で，量的情報に加えて質的情報の共有を求められるようになってきている。

10. バリューチェーンマネジメントの設計

　事業環境は常に変化している，事業環境の変化に対応して事業戦略も変化させる必要がある。企業は自社の状態やリソースと照合して，最適と思われる事業戦略を選択する。事業環境と選択した事業戦略において，持続可能なビジネスモデルを立てる。そして，ビジネスモデルを実現できるバリューチェーンを構築する。本来，事業環境・事業戦略・ビジネスモデル・バリューチェーンマネジメントの整合性が不可欠である。しかし，事業環境の分析が不十分，事業戦略を意識して立ててない，成り行きまかせ，ビジネスモデルを考えていないなどにより，競争戦略と整合していないバリューチェーンマネジメントが，放置されている。

　バリューチェーンは自然発生的にできあがっていくものだという認識も強いが，今後はバリューチェーンを戦略的に構築していくことがますます重要になってくる。以下に示す原則を確認する。

1. バリューチェーン・バリューチェーンマネジメントは，設計できる。
2. バリューチェーン・バリューチェーンマネジメントは，その運営まで含めて，評価基準に対して最適設計できる。

3. バリューチェーン・バリューチェーンマネジメントは，ビジネス環境の変化に対応して，継続的に再最適設計されなければならない。
4. 自然発生したバリューチェーン・バリューチェーンマネジメントがある場合，適応性を分析・評価する必要がある。
5. バリューチェーン・バリューチェーンマネジメントを最適設計するための方法論が必要である。

　バリューチェーン・バリューチェーンマネジメントを最適設計するための方法論が，モデルベース設計である。
　バリューチェーンモデルとは，バリューチェーンをモデル化の目的に合わせて概念化した結果である。バリューチェーンモデルは，どのように価値を創造し，顧客に届けるかを論理的に記述したものであり，対象業務の分析，挙動予測，設計，最適化に用いられる。As-Isモデルは現状を表すモデル，To-Beモデルはあるべき姿を表すモデルである。モデリングは，バリューチェーン・バリューチェーンマネジメントの概念の明確化，体系化の過程である。バリューチェーンモデルは図で表現してもその内容が相互理解できる程度まで概念が抽象化され定義が明確にされていなければならないが，図式化自体は目的ではない。
　サプライチェーンマネジメントに使うモデルにSCORがある。SCORとはSupply-Chain Operations Reference Modelの略でサプライチェーンマネジメントの標準的参照モデルである。調達（Source），生産（Make），配送（Deliver）および返品（Return）と計画（Plan）の5つの基本タイプから構成されるプロセス，プロセス性能を測定する標準メトリクス，最上位の性能を実現するベストプラクティスを含んでいる。
　業務機能のモデリング手法としてはIDEF0がある。IDEF手法（Integration DEFinition）Methodとは，事業活動における情報統合のためのビジネスモデリングの手法群である。IDEF手法は1970年代初期に米国空軍で業務系の合意形成手段として開発された。効果的なコンピューター・システムを構築するに

図表13 IDEF0 (Integration DEFinition Method)

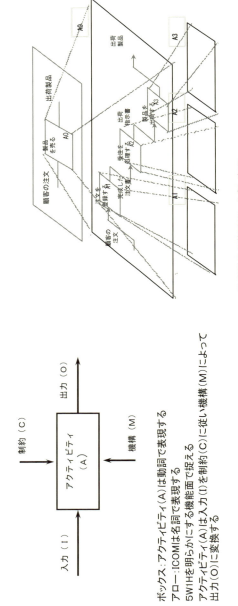

(出所)バリューチェーンマネジメント講義資料（松本敬）

図表14　SCOR (Supply-Chain Operation Reference Model)

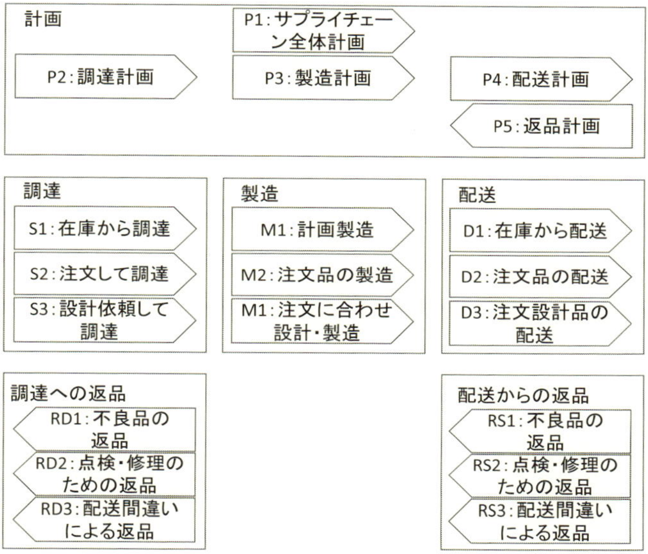

```
計画
  P2:調達計画    P1:サプライチェーン全体計画
                 P3:製造計画    P4:配送計画
                                P5:返品計画

調達                 製造                  配送
 S1:在庫から調達      M1:計画製造           D1:在庫から配送
 S2:注文して調達      M2:注文品の製造       D2:注文品の配送
 S3:設計依頼して調達  M1:注文に合わせ       D3:注文設計品の配送
                     設計・製造

調達への返品                              配送からの返品
 RD1:不良品の返品                          RS1:不良品の返品
 RD2:点検・修理のための返品                 RS2:点検・修理のための返品
 RD3:配送間違いによる返品                   RS3:配送間違いによる返品
```

（出所）バリューチェーンマネジメント講義資料（青山敦）

は，それを運用する人間系の認識合わせが最も重要との認識に基づき，IDEF手法が誕生した。IDEF0のアクティビティモデリング手法，IDEF1Xの情報モデリング手法，及びアクティビティモデリングを補完するIDEF3：プロセス記述獲得手法が情報統合のためのビジネスモデリング手法として活用されている。

11. バリューチェーンマネジメントにおける情報共有

　バリューチェーンマネジメントにおける重要な設計要素として，情報共有設計がある。情報共有設計とは，情報の収集・蓄積・抽出・変換・伝達・活用の仕組みの設計及びその仕組み自体を進化させる仕組みの設計である。情報共有設計が重要なのは，各業務において，利用できる情報の量と質と，利用できる

情報をどれだけ意思決定に有効活用できるかが，バリューチェーンマネジメントの質を左右するからである。情報が，バリューチェーンを統合する糊の役割を果たす。

　企業内部での情報共有のパターンとしては以下のものがある。

1. 垂直方向の情報共有
    - 戦略立案とオペレーションの情報共有
    - 技術開発とオペレーションの情報共有
2. 水平方向の情報共有
    - 営業・製品開発・製法開発・製造・供給の情報共有
3. 過去の情報共有
    - 過去の成功失敗事例の戦略立案・技術開発・オペレーションへの活用
4. 予測情報の共有
    - モデリング・シミュレーションによる予測情報の活用
5. 隠された情報の共有
    - 統計・データマイニング・テキストマイニングによる有効情報やパターンの抽出による活用

企業外部との情報共有としては以下のものがある。

6. サプライチェーンでの情報共有
    - 量情報の共有によるリーンマニュファクチャリング
    - 質情報の共有によるグリーンサプライチェーン
7. 技術革新での情報共有
    - 企業と大学の情報共有による産学連携
    - 企業間技術情報共有によるオープンイノベーション，オープンビジネスモデル
8. 顧客との情報共有

- リードユーザーイノベーション
- 履歴情報などの顧客への提供

　このような情報共有を効率化・高度化する情報通信技術は、バリューチェーンの進化に寄与してきたし、今後も寄与するであろう。情報通信技術の動向に留意すべきである。バリューチェーンマネジメントを支援するシステム・情報通信技術の開発とそのバリューチェーンマネジメントへの実際の適用によって、バリューチェーンマネジメントの概念が発展し、またそれが、支援システム・情報通信技術の進歩を促すというスパイラルアップが期待できる。

　現在、ERPなどミッションクリティカルな部分から経営へのシステム・情報技術の導入は進んでいる。ミッションクリティカルな情報システムの導入によりデータを自然に収集する仕組みが可能となる。今後は、人工知能や機械学習などの分析系システム・情報技術の導入を阻害していた「基礎データを入れるのが手間」という課題が克服され、導入が進んでいくだろう。

12. バリューチェーンマネジメントの導入と実施

　バリューチェーンマネジメントとは、対象事業における価値創造という目標に到達するために、Plan-Do-Check-Actionからなるサイクルを回して、外部環境に追従する活動である。

　バリューチェーンにおける業務の取り合い（だれがどの業務を行うのか）、リスクの取り合い（だれがどのリスクを負うのか）、業務の削除、効率化（やめてもいい業務や作業はないのか）、業務の追加（予測や分析など新しい業務によって、全体の品質が向上するのか）、情報共有化（新しい情報の活用が考えられないのか）のポイントに留意しながらバリューチェーンマネジメント設計・導入・実施を行う。

　品質・コスト・配送・情報など、バリューチェーンに求められる評価基準を達成するためのバリューチェーンマネジメント設計・導入・実施は以下の手順

図表15　バリューチェーンマネジメント設計・導入・実施サイクル

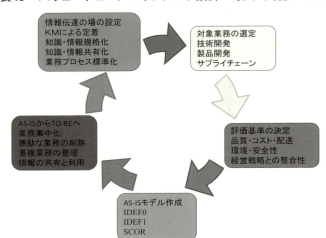

(出所)　バリューチェーンマネジメント講義資料

に従って進められる。

1. 評価基準（Key Performance Index）の的確な把握
2. ビジネス全体設計：過不足なく必要な業務機能をそろえる
3. 業務機能内部設計：業務を最適化するプロセスを設計し，必要な情報を把握する。
4. 情報管理機能設計：他の業務機能も含め必要とされる情報を収集・変換できるような情報管理機能設計
5. 業務機能間情報伝達設計：必要な情報を，必要な時に，必要な場所へ伝達する情報伝達を設計する。

ただし，ここで言っている情報管理機能の設計は，コンピュータネットワークにとどまらず人間系や企業組織の設計を含んでいる。バリューチェーンモデルを活用することで，バリューチェーンパターン分析，バリューチェーン設計

や詳細な業務プロセス設計が可能になる。バリューチェーンマネジメントが，環境変化に対応して，最適設計可能であるためには，設計根拠が保持されなければならない。設計根拠が保持されていることによって，環境変化によって，ビジネスのどの部分が，対応できなくなっているかが判断できる。そして，環境変化に対応できなくなった部分だけを再設計すれば良い。

13. まとめ

　品質＝価値，機能＝価値だった単純な時代は終わりを告げた。企業が生き残るためには，「価値提供」を企業の最重要目標として位置づけ，「価値創造」をシステマティックに実施しなければならない。その価値創造を実現するのがバリューチェーンマネジメントである。バリューチェーンマネジメントは，企業の戦略的・戦術的目標を製品やサービスとして具現化する最強の武器である。

　バリューチェーンマネジメントは，断じて「自然発生的にできていた」とか「その場その時に合わせて勘と経験で構築されている」といったものであってはならない。そのような企業があったとしたら早晩，競争から取り残され衰退していくだろう。バリューチェーンマネジメントは，企業の戦略・戦術的目標に対して合目的的に，「設計」されなければならない。

　一社でも多くの企業が，自社の戦略的・戦術的目標と整合のとれた「価値創造」を可能とするバリューチェーンマネジメントを設計・導入・実施して，ますます激烈になるグローバルコンペティションに勝ち抜かれることを期待してこの章をしめくくる。

【参考文献】
ウォルマート http://ja.wikipedia.org/wiki/ウォルマート
大藤正・永井一志・小野道照（1997）『QFDガイドブック　品質機能展開の原理とその応用』日本規格協会
カスラフェルドーズ，マイケルA.ルイス，ホセAD.マチューカ『特集：在庫最適化

のサプライチェーン　アパレルSCMのベスト・プラクティス　ザラ：スペイン版トヨタ生産方式』ハーバードビジネスレビュー

日経産業新聞『ものづくり進化論パナソニックの介護ロボ　ベッド型に見える本気度』http://www.nikkei.com/article/DGXNASDZ1500C_V10C14A5000000/

RoHS指令『日本企業の循環型社会での競争力持続可能な社会への対応は大丈夫なのか』http://members.jcom.home.ne.jp/mikedo/Guidepost_Culture_020RoHS.htm

第9章 原価企画から始める戦略的原価管理

1. 原価管理の目的

　企業にとって利益を上げるには，売上を増やすか原価を下げるか，あるいはその両方を実現しなければならない。

$$\boxed{売上 - 原価 = 利益}$$

　そこで，この章では，原価を下げるためにどうすればよいかを検討するための管理方法を紹介する。
　ところで，原価計算を行うことには以下のような目的がある。
(1) 外部報告を目的とする。
　① 財務諸表作成に必要な，真実の原価を集計すること（公開財務諸表作成目的）
(2) 内部の経営管理を目的とする。
　① 価格計算に必要な情報を提供する
　② 経営管理者の各階層に対して，原価管理に必要な原価資料を提供する
　③ 予算の編成ならびに予算統制のために必要な原価情報を提供する
　④ 経営の基本計画を設定するに当たり，これに必要な原価情報を提供する
　(1)の財務諸表作成目的は，損益計算書の売上原価と貸借対照表の棚卸資産を確定させるために行う。税務上は最終仕入れ原価法が認められているので，多くの非上場企業では，原価計算を行わず，最終仕入れ原価を計算している場合が多いが，利益管理，原価管理を行うためには原価計算が必要となる。

(2)の目的は，経営管理者が，原価を管理することを目的としている。

①の価格計算目的は，企業として，個々の製品・サービスの原価を把握し，企業として必要な利益を上乗せして売価を決定する目的である。

$$\boxed{価格＝原価＋必要利益}$$

②の原価管理目的は，経営者や管理職が，会社として予定している売上，原価，その結果として，目指している利益を実現するため，原価の状況を把握する。原価を分析し，コスト削減の施策を検討することを目的としている。

③の予算管理目的は，企業は事業計画を実現するために，予算編成を行うとともに，毎月の役員会などで予算の達成状況を把握し，年度計画を実現するために期中に様々な対策を行う。原価計算は，予算編成における売上原価と棚卸資産の予算策定に必要であり，また，期中においては，予算との差異を分析するうえでも，原価計算に基づく原価差異の分析を行う。

④の基本計画とは，経営環境の変化の中で，製品，立地，生産設備等の基本的事項について意志決定し，経営構造を合理的に組成することである。

本章では，主として上記(2)の内部の経営管理を目的とする原価計算，つまり原価管理に関する様々な手法を紹介することを目的としている。

2. 原価計算の概要

(1) 原価計算の対象

通常は，売上原価と在庫金額を把握するため製造原価を対象とするが，経営管理を目的とする場合は，販売費や運送費や，場合によっては回収サイトや支払いサイトも含めた資金コストも採算を把握するために対象とすることがある。

(2) 原価要素とその分類

製造原価を原価要素別にみると材料費，労務費，経費の3種類に分類される。

また，原価計算の対象に直接紐付けることができる直接費と，配分しないと原価計算対象に紐付けできない間接費の分類があり，間接費をまとめて製造間接費として把握する。今日，製造現場の自動化が進み，製造間接費の比率が高まっているため，原価計算が難しくなっている。

(3) 原価計算の種類

原価計算は対象の製品の生産方法によって，計算方法が異なってくる。製品の仕様が個々に異なっている場合は，そうした個々の製品ごとに原価計算を行う個別原価計算により原価計算をする。また，1つの仕様で複数の製品を製造する場合は，個々の製品ごとではなく，製品種類ごとに原価計算を行ったうえで，製造個数に配賦する総合原価計算を行う。総合原価計算の中には，製造がロット単位の場合のロット別総合原価計算，工程が複数ある場合の工程別原価計算などがある。

企画設計段階で原価を設計するのが原価企画である。また，生産段階前に原価企画等により設定した標準原価（または予定原価）をもとに原価計算を行うのが標準原価計算（または予定原価計算）である。これに対して，結果として，いくらの原価がかかったのかを計算する実際原価計算がある。売上原価と棚卸資産の金額は，実際原価計算の計算結果を使う。

PLAN段階（企画設計段階）では，原価企画を通して目標原価を作りこみ，DO段階（生産段階）では，実際の製造原価を実際原価として集計し，CHECK段階では，目標原価を下に設定した標準原価と実際原価の差異を分析し，ACTIONとして差異の原因を原価改善する。このように，標準原価計算と実際原価計算は，PDCA（プラン・ドウ・チェック・アクション）のマネジメント・サイクルによって原価管理を推進する上での車の両輪となる。

(4) 原価計算の期間

原価計算は，通常は1か月の単位で行う。毎月開かれる役員会，経営会議などの業績検討会において，期首からの業績を分析することが行われるが，その

図表1　原価の構成

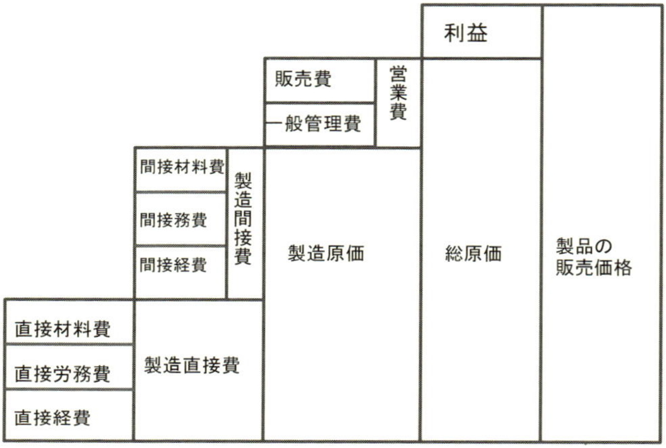

					利益	
				販売費	営業費	製品の販売価格
			一般管理費			
	間接材料費	製造間接費	製造原価	総原価		
	間接労務費					
	間接経費					
直接材料費	製造直接費					
直接労務費						
直接経費						

（出所）筆者作成

ためには，売上原価と在庫の金額を把握する必要がある。原価計算は，そのため，月次で行う必要がある。

　しかし，こうした実績把握のためのルーティン業務として行う原価計算以外に，本章の原価企画の紹介で述べるように，製品の企画，開発段階で行う原価企画や，品質原価の測定といった，特定の目的のために不定期に行う特殊原価調査がある。

3. 原価企画とは

(1) 原価企画とは

　製品の製造コストの8割，9割は製品の企画・設計段階で決まってしまう。そして，量産段階に入ってからのコスト削減は，材料の購入金額を下げる，歩留まりを改善する，残業を減らす，工具や機械の稼働率を上げるといった生産効率の向上のためのカイゼン活動に限られてしまう。したがって，ドラスティックなコスト削減は製品の企画・設計段階で行う必要があるということに

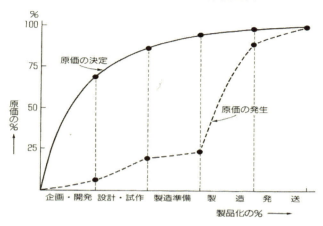

図表2　製造コストと原価企画

（出所）田中（1995）

なる。

　こうしたことから，原価企画とは，製品の企画・設計段階で，量産化した場合を視野に入れた「コストの作り込み」・「コストの設計」をする活動を意味するもので，新製品の企画・開発段階で大胆なコスト削減を目指すものである。

　原価企画は，トヨタ自動車が1960年代から独自に開発した戦略的利益管理・原価管理方式である。原価企画とは「製品の企画・開発にあたって，顧客ニーズに適合する品質・価格・信頼性・納期等の目標を設定し，上流から下流までのすべての活動を対象としてそれらの目標の同時的達成を図る，総合的利益管理活動」（日本会計研究学会 1996）と定義されており，製品の企画・開発段階でコストを作り込む活動である。

$$\boxed{\text{原価＝売価－必要利益}}$$

　原価企画の根幹は，売価－原価＝利益を置き替えて，原価＝売価－必要利益として考える。つまり，売上のベースにある価格は顧客との需要と供給の間で決まるもので，競合他社の製品価格との関係も影響する。したがって，まず，

マーケットで競争力のある売価を設定したうえで、その条件で必要利益をあげるためにはいくらで作らなければいけないかを製品の企画・設計段階で認識し、その原価に収まるように企画・設計するというのが原価企画の考え方である。つまり、量産体制に入る前に、こうした製品の企画・設計段階で原価を作りこむという発想である。自動車メーカーなどでは、新車の設計段階で、自社内にとどまらず、部品製造会社に赴き、共同で設計作業をすることで、機能とコストを作り込む原価企画を実施している。

(2) 製品の機能と原価の関係

製品の企画設計段階では、製品に求められる機能とコストをどのように考えるかが戦略的に重要となる。製品の価値を原価に対する機能の価値とするならば、価値は下記のように分解して考えることができる。

$$価値 = 機能(F)/原価(C) = F/P(プライス) * P/C$$

F/Pは価格と機能の関係であり、顧客にとっての価値を表す。顧客は購入価格と製品の機能の関係で、価格に見合う機能があるかどうかを判断するからである。機能の割に価格が安ければ、購入価値が高く、顧客にとっての価値が高いことになり、製品の競争力が高くなる。

次に、P/Cは価格とコストの関係であり、製造している自社にとっての製品価値を意味する。コストに対する価格の比率が高ければ企業の利益が高く、企業にとって価値の高いことになる。たとえば、企業として売上高総利益率は20％を必要とするのであれば、P/Cは100/80となる。

このように、顧客価値と製品価値を掛け合わせたものが総合的な価値となる。したがって、顧客価値と製品価値の双方を如何に高めた製品を開発するかが重要となる。こうした価値に焦点を当てて分析する価値工学（Value Engineering）の考え方を製品の企画・設計段階で検討することが重要である。そして、この価値向上のためには、製品市場の分析をしながら、製品の企画・設計を行う製品戦略として下記のようないくつかの戦略がある。

① 機能を維持しつつ原価を下げる原価低減型
② 原価を上げずに機能を向上させる機能向上型
③ 機能を向上させつつ原価も下げる複合型
④ 原価をかけながら（上昇）させながら，それ以上の機能を実現する戦略型
⑤ 機能を減らし原価を下げる過剰機能削減型

　企業が目標とする利益率を示すP/Cを前提に置くと，上記の各戦略において，原価を売価に置き換えて議論することができる。たとえば，①の機能を維持しつつ原価を下げる原価低減型は，機能を維持しつつ売価を下げるというように置き換えるということである。そうすることで，顧客にとっての割安感という顧客価値を高めることを目指すことになる。そのためには，企画・設計段階で原価低減型を選択した場合は，機能を維持しながら，売価を下げ，売上高利益率を維持するために，原価も同様に低減させなければならないということになる。
　②の原価を上げずに機能を向上させる機能向上型も，同様に売価を上げずに機能を向上させる戦略となる。③の複合型は，機能を向上させつつ，売価を下げるという複合型に読み替えることができる。④の戦略型，⑤の過剰機能削減型も同様である。
　このように，企業として必要な売価と原価の比率（売上利益率の逆数）を前提に，顧客に提供する機能と価格の関係を戦略的に検討することが，製品の企画・設計段階の非常に重要な検討事項となる。
　以上をまとめると，原価企画の特徴は，まず，顧客価値をどのように上げていくかという顧客重視の原価計算であるということが第1の特徴である。そして，量産に入る前に，企画・設計段階で目標原価を設計していくというのが第2の特徴である。つまり，

$$\boxed{売上-原価=利益}$$

から発想を変えて，

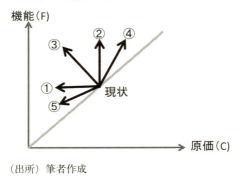

図表3　機能と原価に関する戦略

（出所）筆者作成

$$\boxed{売上－利益＝原価}$$

として，顧客への競争力のある商品企画（機能）と価格を前提に，必要な利益を上げるための原価を設計のなかで作りこんでいく考え方である。

　そこで，次に，こうした原価企画の検討作業をどのように進めていくかを検討しよう。

(3) 原価企画の進め方

　企画・設計作業は一般に，商品企画➡製品企画➡製品設計➡生産（量産）のプロセスで進んでいく。

　商品企画では，開発テーマを決め，そのアイデアを踏まえた商品の企画・検討を行う。

　次に製品企画の段階では，顧客の要求する仕様，品質目標を定めて研究段階の試作設計を行う。製品企画段階で設計審査を実施し，次の段階に進めるか検討する。

　製品設計段階では，規格審査をし，製品化のための試作を行い，評価する。たとえば，設計段階で検討することとしては，部品点数を少なくし，設計をシンプルにすることで，組立コストが削減することが考えられる。一方，部品の

図表4　コンカレントにプロセスを進める（ラグビー方式）

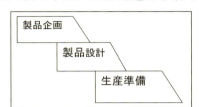

（出所）筆者作成

構造が複雑になれば，部品の製造コストが増大することになるので，組立のための設計（DFA：Design For Assembly）と部品の製造のための設計（DFM：Design For Manufacturing）のバランスを考慮した設計（DFMA）を行う必要がある。

　こうした検討を踏まえて量産化に向けた生産準備に入ることになるが，この段階で再度，設計審査を行い，生産化に向けて生産工程を検討し，最後の工程審査を行う。

　このように何度も審査（レビュー）を行いながら，プロセスを進めていく。

　商品企画から生産までのプロセスをできるだけ短くするために，製品開発のプロセスを同時並行的（コンカレント）に行うコンカレントエンジニアリング（CE）がプロセス管理に取り入れられるようになってきている。そのためには，各職種・職場がバラバラに作業を行うのではなく，設計を中心に生産管理，購買，品質保証，経理などの代表者が集まって「コンカレント」（同時並行的）に製品開発を管理する。こうした進め方は，平行に走りながらボールを渡していくラグビーに似ていることからラグビー方式とも言われている。

　このようにして，原価企画では，製品開発の節目節目で商品企画，設計，生産技術，購買などの関連部門が意見を交換し，部品の取付位置や材質など生産要素の1つ1つに関して，どうすれば量産時の製造コストを抑えられるかを検討していく。原価企画が「日本的」なのは，関連部門が開発の初期段階から一緒に議論に参加する職能横断的チーム活動にあるといえよう。

4. 品質を設計する

　次に品質設計について検討しよう。日本の製品は品質が良いことが，大きな特徴であり，そのことが日本製品というブランド価値を高めるものにつながっている。しかし，一方では，品質第1を優先するあまり，価格が高くなり競争力を失っている面もある。

　品質は，顧客の満足する水準をベースに設計する必要がある。日本国内の顧客の求める品質基準と海外マーケットでの求められる品質が同じとは限らない。品質水準と原価管理の関係を以下の視点から，最適な品質原価というものを企画・設計の段階で検討する必要があり，これもまた原価企画での検討事項となる。

　品質原価は次の4つの分類の相互関係の把握を行い，顧客に受け入れられる適合品質を維持しつつ，製品単位当たりの品質適合コストと品質不適合コストの総額が最小となる最適点の品質原価（最適品質原価）を求めることが目的となる。こうした考え方は，「予防-評価-失敗アプローチ」(Prevention-appraisal-failure Approach；PAFアプローチ) としてアメリカ品質管理協会において採用されている。

　品質原価には品質適合コストと品質不適合コストがある。

(1) 品質適合コスト

　品質適合コストとしては不良を出さず，品質を維持するための事前のコストとしての予防原価と品質を検査する評価原価がある。具体的には，以下のような内容となる。

　① 予防原価

　品質保証教育訓練費，品質管理部門費，製品設計改善費，製造工程改善費など

② 評価原価

購入材料受入検査費，工程の中間品質検査費，製品出荷検査費，出荷後のサンプリング，時系列による品質調査費，他社製品の品質調査費　など

(2) 品質不適合コスト

次に品質不適合コストには，仕損，補修などの内部で発生する失敗原価と，外部からのクレーム対応などの対外的な外部失敗原価からなる。具体的には，以下のような内容となる。

③ 内部失敗原価（工場内の仕損，補修）

仕損費，手直費　など

④ 外部失敗原価

クレーム調査費，取り換え・引き取り費用，返品廃棄処分費用，損害賠償，値引き・格下げ損失，製品補修費など

そして，この品質適合コストと品質不適合コストの合計が最小となるところが最適点の品質原価（最適品質原価）となる。つまり，品質を作りこむためのコストと品質不適合の結果としての対応コストのバランスを考えた品質設計を行うことが，ここでの考え方となる。開発途上国などのように価格競争の厳しいマーケットにおいては，品質が高ければ価格が高くとも売れるという状況ではない。価格と品質のバランスが必要であろう。さらに，前述の機能も含めた，機能，価格，品質のバランスの中で最も顧客価値と企業価値の最大化を実現することが目標となる。

もちろん，単なる最適品質原価のみの視点から品質設計をすればよいのではなく，自社の品質というブランド価値を併せて検討する必要もあろう。多少，最適品質原価よりも品質適合コストをかけ過ぎ，コストが割高になり，結果として売価が高くなったとしても，品質の高さというブランド価値が，他社よりも高い売価を補うほどの競争優位をもたらす場合は，品質をより重視するという選択肢は当然ありうる。ただ，そうした高めの売価が競争優位をもたらさな

図表 5　品質原価の構成

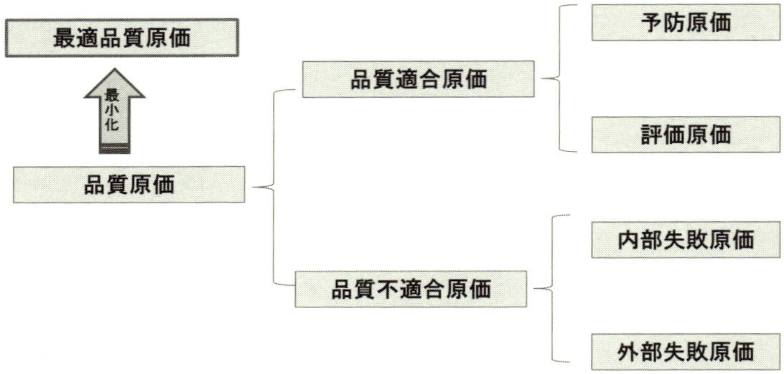

```
                        ┌─── 予防原価
            ┌─ 品質適合原価 ─┤
最適品質原価      │         └─── 評価原価
   ↑         │
  最小化      │
   │         │
 品質原価 ────┤
            │         ┌─── 内部失敗原価
            └─ 品質不適合原価 ─┤
                      └─── 外部失敗原価
```

（出所）筆者作成

い競争環境では，最適品質原価をベースとした品質の設計を検討する必要があろう。

　なお，ここでの品質に要するコストを算出するためには，購入部門，品質保証部，工場生産管理部，販売部，試験研究所など，様々な部門の品質保証活動費，製品品質関係費を把握する必要がある。原価計算には経常的に実施する場合と，ある必要が生じた時に臨時的に実施する特殊原価調査がある。品質原価は経常的に実施するためにはデータの抽出のシステムを用意する必要があるため，困難な面が想定される。その意味で製品の企画・設計段階のように必要に応じて特殊原価調査としてコストを算定する方法が現実的である。

5. 損益分岐点分析と原価企画

(1) 損益分岐点売上高とは

　製品の企画・設計段階では，マーケット調査をし，市場の規模や競合他社の製品の機能・価格等を分析することで，いくらの売価であれば，どれくらいの売上が可能かを想定する。また，一方で，どれくらい販売すればビジネスが成り立つか（損益が黒字化するか）を検討することも必要となってくる。そうし

図表6　損益分岐点売上高とは

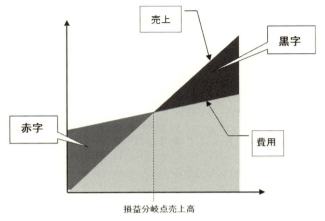

（出所）筆者作成

た分析を踏まえて売上，売上原価，利益に関する事業計画が作成する。

この節では，どのくらい販売すればビジネスが成り立つかに焦点を当てて検討するための分析の仕方として損益分岐点分析を紹介する。損益分岐点売上高とは，損益がゼロとなる売上高を意味する。したがって，損益分岐点売上高を下回ると損益は赤字に転落することになるので，企業は少なくとも損益分岐点売上高は到達しなければならないということになる。

損益分岐点売上高は以下の計算式で求まる。

　　損益分岐点売上高＝費用
　　　　　　　　　　＝固定費＋変動費
　　　　　　　　　　＝固定費＋損益分岐点売上高×変動費率

ここで変動費率とは変動費/売上高であり，売価の何％が変動費かを示す。したがって，

$$損益分岐点売上高 = \frac{固定費}{1-変動費率}$$

で計算できる。損益分析点分析は，利益計画の策定や予算編成に活用したり，原価管理に使うなど，経営管理に有用な分析手法である。

　損益分岐点分析を行うためには原価を固定費と変動費に分類する必要がある。固定費とは売上の有無に関わらず，固定的に発生する費用であるのに対して，変動費は売上に比例して発生する費用である。固定費の例としては，本社費や工場の減価償却費や固定資産税などの諸費用，人件費の多くの部分は，売上がゼロであっても費用が発生する。具体的には，下記のような費用が該当する。

製造部門での代表的な固定費項目
- 機械・建物等の設備の減価償却費
- 土地・建物・設備に係る固定資産税
- 機械その他のリース料，賃貸料，保守料などの維持コスト
- 人件費

また，販売費・一般管理費に関する代表的な固定費項目としては
- 広告宣伝費
- 研究開発費
- 経理・財務・総務・人事などの本社管理コスト（人件費，経費）
- 情報システム等無形資産の減価償却費
- 営業部門や本社など管理部門の設備の減価償却費・維持経費

　一方，変動費は，費用の発生が売上の増減に比例するものである。たとえば材料費，買入部品費，外注費などが売上との連動性が高い費用である。
　製造部門での代表的な変動費項目としては
- 材料費

図表7 損益分岐点の構造

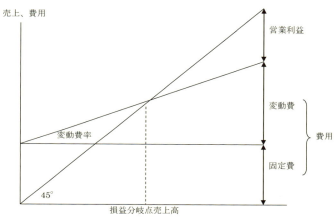

（出所）筆者作成

- 買入部品費
- 外注加工費
- 燃料費，水道光熱費

販売費・一般管理費に関する代表的な変動費項目としては
- 運賃通信費
- 販売促進費

がある。

(2) 製品企画・設計段階での内製と外注の比較検討

　外注と内製についても，ここでの検討対象となろう。外注化することで，費用を変動費化することができる。外注化するメリットとして自社内に製造設備を持たないことによる固定費の削減がある。固定費の比率が高い場合は，売上が拡大する場合は大きな利益を上げる事ができるが，売上が減少した場合は，損失の発生の仕方もまた大きくなる。一方，外注比率を高めると，変動費比率

が高まるので，受注が減少し売上が低下した場合，外注費の削減が可能であり，業績の安定性が高まる。さらに，価格競争の中で，より価格の低い外注先を選択することができれば，価格競争力が高まる可能性もある。

一方で，内製化することのメリットとしては，生産ノウハウが社内に蓄積されることがある。モノ作り企業にとって技術の蓄積は非常に重要であり，特にコア技術の内製化による技術の蓄積は今後の新製品開発につながるものである。また，生産の経験曲線によるコストダウンも期待できる。しかし，外部環境が大きく変動した時，内製の設備，人員は余剰となり，業績改善の足かせとなる可能性がある。

こうした様々なメリット・デメリットを比較検討のうえ，考えていくことになる。たとえば，コア技術になる部分は内製化する，既存設備の範囲で内製化し，それ以上の生産量は外注でカバーするなど，生産計画に係る内製化と外注化のバランスの検討が必要となろう。

6. 生産段階に入ってからの原価管理

(1) 生産段階の原価管理の方法

次に生産段階での原価管理について検討してみよう。生産段階においては，企画・設計段階で設定した目標原価を達成し，さらに現場での改善作業により，生産段階での効率化を進めることで，さらなるコスト削減を目指す。

そのための原価管理の方法として，生産段階では標準原価（あるいは予定原価）を原価の発生する場所別，責任者別に割り当て，それぞれにおける実際原価と標準原価との差異を計測し，原価改善活動につなげる。標準原価は，前節までに述べた製品の企画・設計段階で，設定した目標原価をもとに設定する。

実際には，目標通りにはいかないことが通常である。そのため，目標と実際の差異の原因を分析することで，改善活動を行っていくことが重要となる。場合によっては標準原価の設定の見直しも必要な場合もある。

差異には，実際原価が計画以上に大きくなり利益にマイナスとなる不利差異

と，逆に計画よりも原価が低くなり利益にプラスとなる有利差異がある。生産段階では，有利差異が生じるように，製造部門や購買部門は日々の生産活動のなかで努力することになる。

生産量が蓄積するにつれて熟練度が増大することで経験曲線に沿って様々な効率化が進むものである。企業によっては，こうした経験曲線による原価低減を想定し，生産段階での原価低減目標を有利差異予算として計画化している会社もある。つまり，各年度の予算作成時に，今年はこれだけ原価を低減しようという目標を立て，原価低減目標を有利差異予算として計画化するということである。

しかし，有利差異ばかりではなく，不利差異が生じる場合もある。不利差異が発生する原因には，いくつかの要因が考えられる。

1つは，材料費や部品費の購入金額の差異によるものであり，購入単価の差異による場合と，消費数量の差異による場合がある。購入単価が予算と異なった単価になることは往々にしてありうることである。この価格差異は仕入先と対応している購買部門が分析する。また，材料の消費量が予定と異なるという数量差異については材料を消費している製造部門が主として分析し，材料の歩留管理，工程や作業の原単位管理，工数管理など材料の消費量に影響する要因について分析する。

次に，労務費についても，賃率と作業時間の2つの要因に分解できる。賃率は給与体系にかかわる部分は人事部門が，作業時間の差異に関わる部分は，製造部門が分析する。

直接材料費，直接労務費の差異分析
- 直接材料費の差異分析
- 材料価格差異＝(実際材料単価−標準材料単価)×実際材料消費量
- 材料数量差異＝(実際材料消費量−標準材料消費量)×標準材料単価

直接労務費の差異分析
- 労働賃率差異＝(実際賃率−標準賃率)×実際直接作業時間
- 労働時間差異＝(実際直接作業時間−標準直接作業時間)×標準賃率

製造間接費の差異は、製造間接費予算と実際製造間接費の差異である予算差異、固定費部分について生じる操業度差異、作業効率に起因する能率差異に分解する方法を紹介する。

製造間接費予算は、大半は固定費であるが、費目によっては操業度が高くなると製造間接費も上昇する費目もある。光熱費、電気代などはそのような傾向がある。したがって、製造間接費の予算は、操業度等に比例する費用も考慮した変動費予算を設定することが有用な場合がある。

予算差異は、変動予算と実際製造間接費の差異である。費目別に予算を超過した原因を分析する。

操業度差異は、操業度が当初の操業度と異なる結果、固定費部分の配賦額が、製造間接費予算の固定費部分と異なる結果発生する。予定よりも生産量が多い場合は、この操業度差異は有利差異となるが、生産量が当初予算より少ない場合は、未配賦金額だけ不利差異が生じる。生産現場としては、できるだけ、生産ラインの稼働を一定にしたいというニーズがあるが、実際には受注量の変動等により、この操業度差異が生じる。

次に、生産量に対応した標準作業時間と、実際作業時間の差異は、生産における能率の差異に起因する。この差異を能率差異として、現場の作業能率に問題がないか分析に用いる。

製造間接費の差異分析
- 予算差異＝実際製造間接費－実際直接作業時間に許容された製造間接費予算
- 操業度差異＝(正常作業時間－実際作業時間)×固定費率
- 能率差異＝(実際作業時間－標準作業時間)×標準配賦率

製品が多様化している今日においては、単種量産モデルに比べて標準原価の設定が難しくなっているが、製品を構成するコンポーネント、さらに部品レベルに整理・統合し、標準化を行うことで、必要に応じた分析が可能となる。

イメージ図を書くと図表8に示すとおりである。なお、ここでは、作業時間を配賦基準としているが、配賦基準としてより適切な方法があれば、作業時間

図表8　製造間接費の差異分析

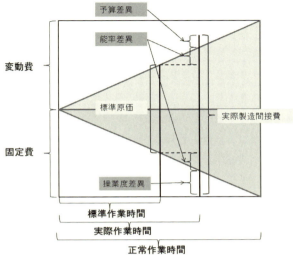

(出所) 筆者作成

基準とする必要はない。

(2) 実際原価の求め方

上記のように，製品の企画・設計段階で原価企画として設定した目標原価と実際原価の差異を分析することにより，目標原価を達成するための原価管理を行うが，そのためには，実際原価を把握する必要がある。実際原価計算は概ね下記のような流れとなる。

実際原価は，費目別原価計算➡部門別原価計算➡製品別原価計算の手順で計算される。費目別原価計算は，製造部門（たとえば工場）で発生する科目別費用を各製造部門に適切な基準で配賦するものである。たとえば，工場の固定資産税などは，各製造部門の面積，福利厚生関係の費用は人数比で配分するというように，配賦基準は科目ごとに異なるであろう。費目別計算を行うことで，原価はすべて各製造部門に配賦されたことになる。

次に，部門別原価計算は製造間接部門の費用を製造直接部門に配賦するものである。たとえば，製造間接部門は工場内の総務・人事部門や品質管理部門等であり，製造直接部門は加工部門や組立部門といった直接的に製造ラインに関わっている組織である。配賦基準は，人事部門は人員比率といったように，適切な基準を設定する。基準設定が難しい場合は製造直接部門の費用の大きさに応じて配賦することも考えられる。部門別原価計算を行うことで製造費用はすべて製造直接部門に配賦されたことになる。

　最後に製造直接部門に集計された製造費用を個々の製品に配賦するのが製品別原価計算である。直接材料費，直接労務費，直接経費などの製造直接費は，個々の製品，仕掛品に直課する。一方，製造直接部門に配賦・集計された製造間接費は，何らかの基準で製品・仕掛品に配賦する必要がある。配賦基準として直接作業時間や機械作業時間，あるいは，直接費の比率での按分などが考えられる。製造ラインが機械化・自動化が非常に進んでいるような場合は，作業者の直接作業時間は非常に割合が少なく，配賦基準として適切でない場合がある。こうした場合は，機械作業時間を配賦基準に使った方が適切である場合がある。

　また，製品が工程別生産ラインとなっている場合は工程別に原価の集計を行う必要があり，製品・仕掛品の個別受注機会のように個別生産の場合は個々の製品ごとの個別原価計算を，ある程度のロットごとのまとまった製造の場合はロット別原価計算をというように，生産形態に応じた集計を経て最終的に製品別に原価を集計する。

　なお，部門別原価計算では品質保証部門のコストを製造直接部門に配賦する基準として，クレーム件数を用いることで，コストの発生する要因と結びつけるといった配賦基準の工夫を行う必要がある。また，部門をより細かく，同じ活動をしているグループ別に原価部門を設定するといった方法で，原価計算をより精度の高いものにすることが可能である。こうした原価計算の方法は活動基準原価計算（ABC;Activity Based Costing）と呼ばれているもので，より細かな活動単位の原価計算を基本とし，たとえば不良品処理といった活動に紐つ

図表9　実際原価計算の流れ

（出所）筆者作成

図表10　実際原価計算における原価要素の集計の流れ（イメージ）

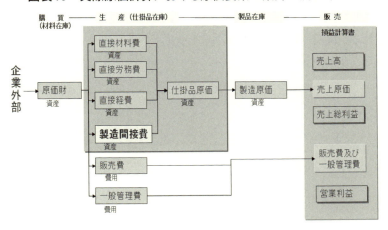

（出所）筆者作成

けられるコスト（コストドライバーという）を明らかにし，次に，そうした活動を生じさせて対象部門に紐つけて配賦（アクティビティドライバーという）することで，間接費をできるだけ管理可能な費用にして，無駄な活動（アクティビティ）を削減するとともに活動量の効率化によりコスト削減を図るといった試みも有用である。

(3) 原価改善活動

　実際原価計算と標準原価計算をもとに，差異を分析したうえで，原価改善活動を通して，原価低減を進める。こうした生産段階に入った後の，継続的な原価低減の努力を続けることが，競争に勝ち抜くための必要条件であろう。特に不利差異の生じた原価差異についての分析の結果，改善すべき課題が見出された時などはそうである。

　原価改善は，現象（phenomena）を，物理的（physical）に解析し，現象や設備のメカニズム（mechanism）を理解し，設備（machine），ヒト（man），材料（material），方法（method）との関連性を追求する要因分析（PM分析という）を行う。

　PM分析は小集団活動において，徹底的な「なぜなぜ分析」を行い，改善策を追求する。原価改善にはこうした日常活動を中心とする継続的な原価低減活動が必要である。

7. 不良コストの原価管理

　原価改善における大きなテーマの1つは不良率の引き下げであろう。不良品にかかったコストは良品のコストに上乗せされるからである。

　しかし，同じ不良率であっても，生産工程の早い段階での不良と製品に近い段階の不良ではコストが異なる。製品に近い段階での不良品の方がはるかに影響が大きい。製品に近い段階で発生した不良は，それまでに投入した加工費が無駄になってしまうからである。

　そこで，製造過程のムダを，歩留率や不良率といった比率ではなく，どのくらいムダなコストがかかっているかを金額で把握するため，マテリアルフローコスト会計を活用した「見える化」を紹介する。不良のムダを金額で「見える化」することで，どこの不良を優先的に改善すべきかが見えてくるはずである。

　なお，ここでのムダには，不良品，削りかす/端材/製品以外の部位，工程内で再生される製品，段取り時に発生する製品にならない材料等がある。

第9章 原価企画から始める戦略的原価管理 175

図表11 マテリアルフローコスト会計のイメージ（「廃棄物処理費」省略）

		工程A	工程B	工程C
新規投入コスト	合計	105.0	55.0	55.0
	マテリアルコスト	50.0	0.0	0.0
	システムコスト	50.0	50.0	50.0
	エネルギーコスト	5.0	5.0	5.0
前工程コスト	合計		94.5	134.6
	マテリアルコスト		45.0	40.5
	システムコスト		45.0	85.5
	エネルギーコスト		4.5	8.6
工程毎の投入コスト合計	合計	105.0	149.5	189.6
	マテリアルコスト	50.0	45.0	40.5
	システムコスト	50.0	95.0	135.5
	エネルギーコスト	5.0	9.5	13.6
正の製品と負の製品の重量比	正の製品(%)	90.0	90.0	90.0
	負の製品(%)	10.0	10.0	10.0
正の製品コスト	合計	94.5	134.6	170.6
	マテリアルコスト	45.0	40.5	36.5
	システムコスト	45.0	85.5	122.0
	エネルギーコスト	4.5	8.6	12.2
負の製品コスト	合計	10.5	15.0	19.0
	マテリアルコスト	5.0	4.5	4.1
	システムコスト	5.0	9.5	13.6
	エネルギーコスト	0.5	1.0	1.4

合計		
215.0		投入コスト
50.0		（製造費用）
150.0		
15.0		
170.6		工程Cの
36.5		アウトプット
122.0		
12.2		
44.4		工程A,B,Cの
13.6		合計
28.1		
2.8		

正と負の重量比で配分

この例では製造費用215に対して不良品のコストが44.4となっていることがわかる。
そのため、不良が無ければ170.6の原価が、実際には170.6+44.4＝215の原価となる。

（出所）筆者作成

　マテリアルフローコスト会計では，コスト要素を「マテリアルコスト」・「システムコスト」・「エネルギーコスト」・「廃棄物処理費」の4つに分類する。マテリアルコストは投入する材料費の部分である。システムコストは労務費，減価償却費などの加工費であり，エネルギーコストは加工費の中の電力費，燃料費や用役費等，廃棄物処理費は排気，排液，廃棄物処理費，処理委託費などである。

　マテリアルフローコスト会計では，製造工程ごとに上記の投入コストを前工程コストと併せて，正の製品と負の製品に重量で把握する（「マテリアルバラ

ンス計算」という）。

　ここでの正の製品とは次工程に送られる良品および完成品であり，負の製品は工程で廃棄されるものを意味する。図表11に示すように，工程横断的に負の製品コストを集計することで，ムダの見える化が実現され，環境の視点ならびにコスト削減の視点から重点検討領域が把握できるようになる（詳細は経済産業省（2009）『マテリアルフローコスト会計導入ガイド（ver.3）』を参考にしていただきたい）。

8. 競争力の向上を目指して

　企業にとって，コスト競争力は，競争力の最も大きな源泉のひとつである。企業は常に，競争力ある売価を市場に提供するなかで必要な利益を上げるためにコスト低減の努力をしている。原価計算は，そのための必須の手法であり，知識である。

　本章は，後追いの結果としての原価計算ではなく，企画設計段階という生産前の企画設計段階から原価を作りこんでいくという考え方を起点にして，原価管理に関する様々な考え方を紹介した。

　実務においては，製品やその生産形態さらには企業の組織・戦略によって，その企業に適した原価管理の方法というものを編み出していかなければならない。本章で紹介した手法は，そうした企業ごとの戦略的原価管理の確立のための素材として役立てていだだくことを期待している。

【参考文献】
岡本清（2000）『原価計算　六訂版』国元書房
日本会計研究学会（1996）『原価企画研究の課題』森山書店
田中雅康（1995）『原価企画の理論と実践』中央経済社
経済産業省（2009）『マテリアルフローコスト会計導入ガイド（ver.3）』http://www.jmac.co.jp/mfca/thinking/data/mfca_guide_ver3.pdf

索　引

欧文

B2B　81
B2C　81
BPR　94
CEO　91
CIO　91
Corporate Entrepreneurship　80
CRM　132
DCF法　11
DFA　161
ERP　98
FAQ　48
ICT　106
IRR法　11
ITケイパビリティ　42
ITベンダー　93
IT開発部門　91
IT経営　90
IT経営度　95
IT構築力　95
IT戦略　101
IT投資・装備　95
LCA　123
Mark I　79
Mark II　80
MOT人材　6
PBL　13
QCD　39
QCサークル　121
QFD　11, 125
SCM　98
SIS　94
TRIZ　11, 125
VE　125
VRIO分析　11
WBS　12
WOT分析　11

あ行

アクティブラーニング　13
アソシエーション　76
アントレプレナーシップ　69
イノベーション　23
イノベーションのジレンマ　86
イノベーションのダイナミクス・モデル　58
イノベーター　61
インターネット　94
インフォメーションコスト　77
エンド・ユーザー　91
オープンイノベーション　62
オズボーンのチェックリスト法　11

か行

仮説思考　101
価値工学　158
価値創造　121
外注　167
活動基準原価計算　172
企業家精神　71
企業家像　72
起業　69
起業家精神　71
技術シーズ　11
技術ロードマップ法　11

技術経営教育　7
キーストーンリーダシップ　83
機能　158
機能の経済　113
キャッチアップモデル　76
キャッチアップ型　2
クライアントサーバー　94
クラウドコンピューティング　94
グリーンバリューチェーン　144
経営管理　154
経営戦略　42
経営理念　99
系列取引　19
系列取引
原価　153
原価管理　154
原価企画　155, 156
原価計算　154
研究開発費比率　112
ゲートキーパー　28, 61
後発工業化　76
顧客価値　158
顧客満足　122
コストの作り込み　157
コストの設計　157
コトづくり　106
コミットメント　42
コンカレントエンジニアリング　126, 161

さ行

差別化　49
最適品質原価　163
サステナビリティ　123
サード・パーティー・ロジスティクス　116
サービサイジング　113

サービスイノベーション　105
サービス化比率　110
サプライチェーンマネジメント　125
サプライヤー　39
事業ポートフォリオ　21
事業者視点　106
資源動員　22
持続可能性　101
持続的競争優位　90
市場ニーズ　11
実際原価　155
実際原価計算　172
シナリオ・シンキング　84
シナリオ・プランニング　11, 84
死の谷　52
社会的責任　101
収益モデル　23
商品企画　160
新結合　73, 105
新市場・新製品開発　7
シリコンバレー　68
ステークホルダー　25, 91, 122
ステージゲート法　11
スピルオーバー　60
スマートフォン　102
正当化　25
生産財　40
製造コスト　156
製造原価　154
製品アーキテクチャ　23
製品ポートフォリオ　21
製品価値　158
製品企画　160
製品設計　160
セグメンテーション　55
戦略オプション　101

潜在顧客　41
組織アイデンティティ　59
組織ルーティーン　59
創業　69
損益分岐点分析　165

た行

多角化　107
ダーウィンの海　52
ダイナミック・ケイパビリティ　28
タグチメソッド　125
知識経営　101
中小企業基本法　20
中小企業新事業活動促進法　20
ディマンド・プル　54
できる展開法　11
テクノロジー・プッシュ　54
デザインレビュー　125
デジタル化　121
統計的品質管理　125
特殊原価調査　156
トップ・マネジメント　42
ドミナントデザイン　58
トランスフォーマー　61
トランスレーター　28

な行

内製　167
なぜなぜ分析　174
ナレッジマネジメント　126
20-80ルール　101

は行

パラダイム　78
バリューエンジニアリング　130
バリューチェーン　24
バリューチェーンマネジメント　121
販路開拓　40
ビジネスシステム　23
ビジネスプラン　12
ビジネスモデル　23, 101, 116
ビジョン　42, 86
ビッグデータ　99
標準原価　168
標準原価計算　173
品質管理　122
品質原価　162
品質適合コスト　162
品質不適合コスト　162
5Forces　11
部門別原価計算　171
プラットフォームリーダーシップ　82
ブレーンストーミング　11
プロセス・イノベーション　58, 75, 118
プロダクト・イノベーション　58, 118
フロントランナー型　2
フロントローディング　126
ポートフォリオ管理　21
ポジショニング　55

ま行

マーケティング　40
マーケティングリサーチ　125
マテリアルフローコスト会計　174
マルチ・パフォーマー　60
ミッション　86
目標原価　155
モジュール化　121
モティベーション　60
ものづくり　106
模倣リスク　43

や行

予算差異　170
用途開発　39

ら行

ライフサイクル　56
ライフサイクル・モデル　58
ラガート　61
ラピッドプロトタイピング　125
リードユーザー　62
リードユーザーイノベーション　125
利用者視点　106
リーンスタートアップ　125
連絡担当者　60
漏出リスク　44
ロジスティクス　132
ロック・イン　5
ロードマッピング　84
ロバストデザイン　130
ロングビュー　84

【執筆者紹介】（執筆順）

名取　隆（なとり　たかし）・・・・・・・・・・・・・・・・・・・・・・・・・・・・・・・・・・ 編者，まえがき，第1章，第3章担当
立命館大学大学院テクノロジー・マネジメント研究科教授/博士（工学，東北大学）
研究分野：技術経営，中堅中小・ベンチャー企業論，技術連携，技術マーケティング，新製品・新事業開発，企業育成政策
主な論文・著書
・「ウェブサイト活用による中小企業の技術マーケティング―潜在顧客から"探し当てられる"戦略の効果と課題―」『Ventures Review』No.21，2013年，pp.61-74（査読付）日本ベンチャー学会第8回清成忠男賞（論文部門）受賞論文
・「技術指向型地域企業に対する知的財産ファイナンスの円滑化方策に関する研究」『技術計画』Vol.20 No.4，2005年，pp.319-335（査読付）
研究・技術計画学会第1回論文賞受賞論文
・『経営システム学への招待』（共著）日本評論社，2011年

高梨千賀子（たかなし　ちかこ）・・・第2章担当
立命館大学大学院テクノロジー・マネジメント研究科准教授/博士（商学，一橋大学）
研究分野：イノベーション戦略論，標準化戦略（国際標準化競争），ビジネスモデル，経営戦略，産学官連携
主な論文・著書
・『ビジネスモデルイノベーション（東京大学知的資産経営総括寄付講座シリーズ）』（共著）白桃書房，2011年
・「標準化を活用したプラットフォーム戦略―新興市場におけるボッシュと三菱電機の事例―」（共著）国際ビジネス研究第3巻第2号，2011年，pp.61-79．
・Standard development by committees and communities: a comparative case study of IEEE1394 and USB．（共著）Technology Analysis and Strategic Management, Vol.25, No.1, 2013, pp.91-105．

石田　修一（いしだ　しゅういち）・・第4章担当
立命館大学大学院テクノロジー・マネジメント研究科教授/博士（経営学，北海道大学），博士（工学，京都大学）
研究分野：技術経営，経営システム，アントレプレナーシップ
主な論文・著書
・「地域イノベーションへの期待―震災後の新規事業創造への期待と不安―」『Ventures Review』Vol.19，pp.7-16，2012年
・「地域産材を活用した木造住宅生産プロジェクトの地域間比較：京都におけるプロジェクト最適化の探求」『日本建築学会計画系論文集』631巻，2008年，1947-1952
・"Composite Knowledge for High-Tech Corporations: Knowledge Evolution and Strategies in

Research and Development," Caroline F. Benton, Frank-Jurgen Richter, etal. edit., *Meso-Organizations and the Creation of Knowledge*, PRAEGER, 2004, pp.37-60.

崔　裕眞（ちぇ　ゆうじん）･･･第5章担当
立命館大学大学院テクノロジー・マネジメント研究科准教授/博士（歴史学，ケンブリッジ大学）
研究分野：技術経営デザイン・ブランド戦略，アントレプレナーシップとイノベーションの歴史，産学官連携
主な論文・著書
・"UNIQLO and Tadashi Yanai", in Yu, Fu-Lai T. and Ho-Don Yan (eds.) *Routledge Handbook of East Asian Entrepreneurship: Concepts and Cases*, Routledge, U.K. and U.S.A., 2014, pp.2-32.
・"The Genesis of Modern Management of Technology: The Case of the Meiji Cotton Spinning Sector in Globalization, 1880s-1890s", in Umemura, M. and R. Fujioka (eds.) *Comparative Responses to Globalization: Experiences of British and Japanese Enterprises*, Palgrave Macmillan, U.K. and U.S.A., 2012, pp.99-120.
・"Entrepreneurial Leadership in the Meiji Cotton Spinners' Early Conceptualisation of Global Competition", *Business History*, Vol.51, No.6, 2009, pp.927-958.

角埜　恭央（かどの　やすお）･････････････････････････････････････第6章担当
立命館大学大学院テクノロジー・マネジメント研究科教授/博士（経営学，筑波大学）
研究分野：経営戦略，経営情報学，ビジネスモデル，技術経営
主な論文・著書
・'Managing Innovation in Software Engineering in Japan,' In Bing Ran ed. "Contemporary Perspectives on Technological Innovation, Management and Policy," The Information Age Publishing, 2013, pp.463-498.
・「設計科学からみたIT経営に関する社会調査の展開」『横幹連合』Vol.4（No.1），2010年，pp.20-26.（査読付）
・『ビジネス価値を創造するIT経営の進化』日科技連出版社，2004年

玄場　公規（げんば　きみのり）･･･････････････････････････････････第7章担当
立命館大学大学院テクノロジー・マネジメント研究科教授/博士（学術，東京大学）
研究分野：イノベーション戦略，科学技術政策
主な論文・著書
・『イノベーションと研究開発の戦略』芙蓉書房，2010年
・『製品アーキテクチャーの進化論』白桃書房，2002年
・"Diversification Dynamics of the Japanese industry" *Research Policy*, 2001, pp.1165-1184.

青山　敦（あおやま あつし）……………………………………………第8章担当
立命館大学大学院テクノロジー・マネジメント研究科教授/Ph.D.（パデュー大学）
研究分野：統合学，バリューチェーンマネジメント，ナレッジマネジメント，リスクマネジメント，サプライチェーンマネジメント，ビジネスモデリング，ビジネスシミュレーション，プロセスシステム工学
主な論文・著書
- Takayuki Suzuki, Kiminori Gemba, Atsushi Aoyama "Identifying customer satisfaction estimators using review mining" *International Journal of Technology Marketing* Volume 9, 2014, pp.187-210, Inderscience Publishers
- 『京セラ稲盛和夫　心の経営システム』日刊工業新聞社，2011年
- 『統合学入門―蛸壺型組織からの脱却』（共著）工業調査会，2006年

田尾　啓一（たお けいいち）……………………………………………第9章担当
立命館大学大学院テクノロジー・マネジメント研究科教授/公認会計士，一種情報処理技術者，特種情報処理技術者
研究分野：リスクマネジメント，ファイナンス
主な論文・著書
- 「リスク・マネジメントと企業財務―ブラック・スワンのインパクト―」（共著）『財務管理研究』第23号，2012年（査読付）
- 『グループ経営の財務リスクマネジメント』中央経済社，2007年
- 『リスク・ガバナンス』中央経済社，2013年

2015年3月15日　初版第1刷発行

中小企業のための
技術経営（MOT）入門
―"つよみ"を活かすこれからの企業経営モデル―

　　　　　　　　　立命館大学大学院
　　　　編著者 Ⓒ テクノロジー・マネジメント研究科
　　　　　　　　＆ 名取　隆

　　　　　　　発行者　脇坂康弘

発行所　株式会社　同友館
〒113-0033 東京都文京区本郷 3-38-1
TEL.03(3813)3966
FAX.03(3818)2774
http://www.doyukan.co.jp/

落丁・乱丁本はお取り替えいたします。　　三美印刷／松村製本
ISBN 978-4-496-05124-1　　　　　　　　Printed in Japan

本書の内容を無断で複写・複製（コピー），引用することは，
特定の場合を除き，著作者・出版者の権利侵害となります。